Eine Bildreise

Potsdam

Alexander Rost / Toma Babovic
Ellert & Richter Verlag

Autoren/Bildnachweis/Impressum

Alexander Rost, geb. 1924 in Königs Wusterhausen, Regierungsbezirk Potsdam, war Redakteur bei großen Zeitungen und Zeitschriften, zuletzt bei „Geo", lebt als Schriftsteller und Publizist in Hamburg.

Toma Babovic, geb. 1953 in Verden/Aller, studierte Architektur und Grafik-Design an der Akademie für Künste in Bremen. Seit 1989 freischaffender Fotodesigner in der Hansestadt. Er arbeitet u. a. für „stern", „Saison" und „Merian". Im Ellert & Richter Verlag sind die Bildreisen „Ostfriesland und seine Inseln", „Auf Martin Luthers Spuren", „Klassisches Weimar", „Auf Paula Modersohn-Beckers Spuren", „Schönes Bremen", „Die Ostseeküste von Wismar bis Rostock", „Auf Schinkels Spuren", „Schönes Berlin", „Wanderungen durch die Mark Brandenburg" sowie der Bildband „Schottland" erschienen.

Text und Bildlegenden:
Alexander Rost, Hamburg
Farbfotos:
Toma Babovic, Bremen
außer S. 66/67
archivberlin fotoagentur, Berlin
S/W-Fotos:
Bildarchiv Preußischer Kulturbesitz, Berlin: S. 8/9, S. 10/11, S. 23, S. 57, S. 63 oben, S. 64 oben, S. 86
Ullstein Bilderdienst, Berlin:
S. 6, S. 7, S. 9, S. 10, S. 20, S. 21, S. 22/23, S. 24, S. 24/25, S. 56, S. 57, S. 63 unten, S. 64 unten, S. 87
Historische Meßbildaufnahme, Privatarchiv: S. 62
Fritz Koch-Gotha: S. 65 Karikatur
Karte: Kontur, Potsdam/Berlin

Lektorat: Gabriele Schönig, Hamburg
Gestaltung: Büro Brückner + Partner, Bremen
Satz: KCS GmbH, Buchholz/Hamburg
Lithographie: Rüdiger & Doepner, Bremen
Druck: Girzig + Gottschalk, Bremen
Bindearbeiten: S. R. Büge, Celle

Die Deutsche Bibliothek – CIP-Einheitsaufnahme

Potsdam : eine Bildreise / Toma Babovic; Alexander Rost. – 7., aktualisierte Aufl.. – Hamburg : Ellert und Richter, 2001

ISBN 3-89234-275-X

© Ellert & Richter Verlag GmbH, Hamburg 1991
7., aktualisierte Auflage 2001

Inhalt

Der Geist: Schwarze Tage und eine Legende

Potsdam blüht. Nüchtern und neudeutsch gesagt: Es boomt. Die Karawanen von Touristenbussen auf den Parkplätzen vor den Gartentoren und der Fortschritt der Sanierungsarbeiten allenthalben in der Stadt sind jedenfalls Indiz dafür, daß Potsdam trotz mancher Querelen in Politik und Wirtschaft aus seinem Grundkapital an Geschichte, Kultur und Tradition wieder Zinsgewinne zieht; und auch der Plan zum Wiederaufbau des Turms der Garnisonkirche, des Potsdamer Wahrzeichens, ist kein Wegwerfpapier mehr.

Das Glockenspiel, das vom Turm herab tönte, heute eine auf freiem Gerüst montierte Nachbildung, mischt sich seit Jahren wieder in den Straßenlärm: zur vollen Stunde „Lobet den Herrn" und zur halben „Üb' immer Treu' und Redlichkeit". Die Klänge zu Worten, die wie Gebote eines strengen Untertanenvaters anmuten, waren die Leitmelodie dieser Stadt, deren Name zum Inbegriff für alles wurde, was als „preußisch" gepriesen – oder geschmäht wurde; denn an Potsdam schieden sich die deutschen Geister wie sonst an keinem historischen Ort.

Nicht Königsberg, wo am 18. Januar 1701 der Kurfürst Friedrich III. von Brandenburg sich als Friedrich I. eigenhändig zum König in Preußen krönte, und auch nicht Berlin, der Regierungssitz, sondern Potsdam wurde Preußens wahre Hauptstadt.

In der Gruft der Garnisonkirche waren Preußens bedeutendste Könige bestattet, Friedrich II., der als Friedrich der Große gefeiert und als Alter Fritz verehrt wurde, und dessen Vater Friedrich Wilhelm I., den man den Soldatenkönig nannte; er hatte die gedrillten Regimenter nebst Fässern voller Geld hinterlassen, die es dem Sohn

Die Garnisonkirche, erbaut auf Order Friedrich Wilhelms I., des „Soldatenkönigs". Sie wurde am Neujahrstag 1722 eröffnet und 1945 durch Bomben zerstört. Der stehengebliebene Turm, 88 Meter hoch, wurde 1968 gesprengt.

erlaubten, das Kriegsglück herauszufordern. Im Kirchensaal erinnerten zerschlissene Fahnen und Standarten mehr an gewonnene als an verlorene Schlachten. „Gott mit uns" war Generationen von Soldaten, deren Offiziere durch die Jahrhunderte fast durchweg aus preußischem Adel stammten, gepredigt worden. In dieser Kirche, der Kirche der Gardetruppe, glaubte man in einem Fluidum von Frömmigkeit und Tapferkeitsbereitschaft sinnfällig jenen Geist zu spüren, der als der „Geist von Potsdam" beschworen wurde.

Potsdam, 21. März 1933: Die halbe Stadt hatte Uniform angelegt, Feldgrau, SA-Braun, auch noch das Preußischblau

aus wilhelminischer Ära. Militärmusik schmetterte. Reichswehrkompanien präsentierten das Gewehr. Den Marschallstab in der Hand, mit der Pickelhaube behelmt, schritt Reichspräsident von Hindenburg die Front ab. Hitler trug Gehrock und Zylinder. Seit dem 30. Januar war er Reichskanzler und manches konservative Gemüt, besonders in Potsdam, hegte die

absurde Hoffnung, Hitler werde dafür
sorgen, daß auf den greisen Reichspräsi-
denten wieder ein deutscher Kaiser folge.
Der neue Reichstag wurde in der Garnisonkirche eröffnet. Hitlers wirkungsvollste
Geste: Er stieg hinab in die Gruft und ver-
harrte vor den Sarkophagen der Preußenkönige. Es war der bejubelte „Tag von
Potsdam". Daß es Potsdams erster schwar-
zer Tag war, begriffen nur wenige von denen, die angesichts der Fahnen alter Garderegimenter, mit denen die Reichswehr
paradierte, einem erstarkten Geist von
Potsdam zu huldigen meinten. Ein Dutzend Jahre darauf hatte die Stadt ihren
zweiten schwarzen Tag.
Potsdam, 14. April 1945: Bombenflug-
zeuge zerschlugen in einem Nachtangriff
den Stadtkern. 856 Gebäude wurden völlig, 248 teilweise zerstört, 3301 beschädigt. Die Garnisonskirche fiel in Trümmer.
Nur noch Ruine, die man dann abriß, war
auch das Stadtschloß. Die meisten Häuser
an der Breiten Straße, der Paradestraße
am „Tag von Potsdam", lagen in Schutt.
Aus der Garnisonskirche sind zwei silberne
Altarleuchter geborgen worden, die Karl
Friedrich Schinkel, der klassische preußische Architekt, entworfen hatte; als Desig-
ner, wie man heute sagen würde, gab er
unter anderem auch dem Eisernen Kreuz,
dem 1813 gestifteten Soldatenorden, die
markante Form. Die beiden Leuchter stehen in der Nikolaikirche, von Uralt-Pots-
damern betrachtet wie Reliquien, Zeug-
nisse des Geistes von Potsdam, der zum
Gespenst degeneriert war. Fast 4000
Menschen hatten den Tod erlitten.
Potsdam, 2. August 1945: Im Schloß Cecilienhof, dem Sommerwohnsitz des letzten deutschen Kronprinzen, unterzeichne-
ten der amerikanische Präsident Truman,
der sowjetische Diktator Stalin und der

britische Premierminister Attlee, der
Nachfolger des abgewählten Winston
Churchill, das Potsdamer Abkommen der
alliierten Siegermächte.
Am 17. Juli hatte die Potsdamer Konferenz begonnen. Zu ihrem Ergebnis,
das Deutschlands Niederlage im Zweiten
Weltkrieg besiegelte, gehörte der Verlust
aller Gebiete östlich der Oder-Neiße-
Linie; sie waren alle preußisch gewesen.
Der Beschluß, daß die Besatzungszonen
eine Wirtschaftseinheit bilden sollten,
wurde nie verwirklicht. Aus der Sowjet-
zone, in ihr die Mark Brandenburg, das
Kernland Preußens, entstand die DDR;
Potsdam wurde eine ihrer Bezirkshaupt-
städte. Seine innenpolitische Eigenstän-
digkeit hatte Preußen schon eingebüßt,
als seine Regierung am 6. Februar 1932
vom damaligen Reichskanzler von Papen
staatsstreichartig abgesetzt wurde; als
„Reichskommissar" übernahm Papen
selbst die Oberaufsicht über das größte
Land im Deutschen Reich. Unter Hitler
wurde Göring Ministerpräsident von Preußen; die preußischen Ministerien aber
wurden alsbald von den Reichsministe-
rien vereinnahmt. Mit dem Potsdamer
Abkommen war das Restleben Preußens
ausgelöscht. Das alliierte Kontrollrats-
gesetz vom 25. Februar 1947, das den
„Staat Preußen, seine Zentralregierung
und alle untergeordneten Behörden" für
aufgelöst erklärte, war nur noch juristi-
scher Aktennachklapp. Preußen als Staat
verschwand aus der Wirklichkeit.

1945. Der zerbombte Alte
Markt mit der Nikolai-
kirche. Und Stalin, Truman,
Churchill bei Eröffnung der
Potsdamer Konferenz am
17. Juli. Noch im selben
Monat wurde Churchill in
seinem Land abgewählt; an
seine Stelle trat als neuer
britischer Premierminister
Clement Attlee.

An Potsdam – der Name war ein Synonym für Preußen – hatten sich die Gemüter in Deutschland, zumal in der ersten deutschen Republik, als man dem Geist von Potsdam einen Geist von Weimar entgegensetzen wollte, aufs schärfste geschieden. Für die einen war es die feste Burg patriotischer Tugenden, mit einem Wort Friedrich Wilhelms I. ein „rocher de bronce", ein erzener Fels in der Brandung wirrer Zeitgeschichtswogen; die anderen beargwöhnten Potsdam als eine Bastion reaktionärer Beamtenschaft, hochmütig kriegs- und auch bürgerkriegslüsternen Militärs und dienernder Höflinge, die ihren Kaiser Wilhelm wiederhaben wollten. Pathos wie Kritik waren oft übertrieben; in der Sache hatten beide Seiten nicht ganz unrecht. In Potsdam hatte Wilhelm II., König von Preußen und Deutscher Kaiser, in einer seiner unglückseligen Reden die zur Vereidigung angetretenen Rekruten des Ersten Garderegiments zu Fuß, des vornehmsten Regiments in Preußen, angeschnarrt: wenn er es befehle, hätten sie auch auf ihre Väter und Brüder zu schießen. Solche Sätze waren in der Weimarer Republik noch längst nicht vergessen. Doch Potsdam war nie nur ein Ort des Säbelrasselns und des Hipp-hipp-Hurras blind-gehorsamer Untertanen. Preußen habe einen Januskopf, hatte Anfang des 19. Jahrhunderts die deutschlandkundige Französin Madame de Staël geurteilt, den Kopf jenes altrömischen Gottes, der mit zwei Gesichtern, vorn und hinten am Haupt, dargestellt wurde; das eine Gesicht sei „militärisch", das andere aber „philosophisch".

Die Stadt, deren Geschichte mit Preußens Aufstieg schicksalhaft und mit seinem Fall auch schuldhaft verknüpft ist, hat noch ein drittes, ein anheimelndes Gesicht. Sie hat es trotz Lücken und Narben im Stadtbild gut bewahrt: Potsdam wirkt großenteils einfach schön, in seinen schönsten Parks nahezu märchenhaft.

Das Stadtschloß, wie es zuletzt, nach Um- und Ausbauten während der Jahrhunderte seit 1669, ausgesehen hat. Im Blick auf die Südseite wird es genau in der Mitte von der Kuppel der Nikolaikirche überragt.

Und wer hinabschaut von der Cecilienhöhe auf Seen und Wälder oder vom Babelsberg auf die Uferseite der Stadt im Grünen, dem bestätigt solcher Anblick immer noch, was etwa Meyers Conversations-Lexikon, der Schönfärberei gewiß nicht verdächtig, vor hundert Jahren konstatierte: Potsdam liegt in einer der „lieblichsten Gegenden der Norddeutschen Tiefebene". Also, sie wußten schon, die Hohenzollern, die reichsten und mächtigsten Fürsten im Preußenland, warum sie hier und nicht anderswo ihre Sommerresidenzen hatten.

Preußen ist tot; Potsdam ist mehr als tausend Jahre alt. Am Anfang war es ein Fischernest, verkehrsgünstig gelegen an einem Übergang über die Havel. Im Zuge der Völkerwanderung waren die Gebiete östlich der Elbe von Westslawen, den Wenden, besiedelt worden; im 10. Jahrhundert begann die deutsche Kolonisation des Havellandes. Das erste Datum in der Geschichte Potsdams ist der 3. Juli 993. Es steht auf der Schenkungsurkunde, mit der Kaiser Otto III., dreizehn Jahre alt und von wem auch immer veranlaßt, „poztupimi et geliti", Potsdam und das nicht weit von ihm entfernte Geltow, der Reichsabtei Quedlinburg übereignete; Äbtissin war dort seine Tante Mathilde. Als Albrecht der Bär, der erste Markgraf von Brandenburg, nach Aufständen der Wenden um 1150 das Havelland endgültig dem Kaiserreich sicherte, ließ er eine hölzerne Burg anlegen, die um 1220 durch eine aus Stein ersetzt wurde; sie stand, wie Ausgrabungen zeigten, nahe

der heutigen Langen Brücke auf dem Gelände des nachmaligen Stadtschlosses. Ihre Mauer umschloß auch die Siedlung „Potstamp". Das lateinisch bezeichnete „poztupimi" hatte sich einige hundert Schritte östlich an der heutigen Burgstraße befunden. Aus dem Jahre 1573 weiß man, daß Potsdam, als „civitas", Stadt, schon 1317 urkundlich bezeichnet, rund 2000 Einwohner hatte. Nach dem Dreißigjährigen Krieg, in dem die Mark Brandenburg verwüstet wurde, waren es noch etwa 700; Potsdam war ein kläglicher Ort; aber er war umgeben von wildreichen Wäldern.

Seine Jagdleidenschaft trieb den Kurfürsten Friedrich Wilhelm von Berlin nach Potsdam, den ersten Hohenzollern, dem die Geschichtsschreiber das Prädikat „der Große" gaben.

Er ließ das verwahrloste Stadtschloß abreißen, ein neues bauen, die Lange Brücke über die Havel erneuern, einen neuen Markt, den heutigen Alten Markt, und einen Lustgarten anlegen, einen Park zum Promenieren und Feiern; und die verelendete Kleinstadt begann aufzublühen. Zum ersten Male bezogen in Potsdam auch Soldaten ständiges Quartier. Friedrich Wilhelm stellte das erste Heer in Brandenburg-Preußen auf, das auch in Friedenszeiten beisammenblieb. Die größte Kriegstat des Großen Kurfürsten war sein Sieg über die Schweden, 1675 bei Fehrbellin, in jener Schlacht, die mehr als ein Jahrhundert danach Heinrich von Kleist zum „Prinz von Homburg"-Drama inspirierte. Seine größte Friedenstat war am 8. November 1685 das Edikt von Potsdam, ein Erlaß, mit dem er sein Land den Hugenotten öffnete, französischen Protestanten, die vor der Zwangskatholisierung flüchteten. Brandenburg-Preußen wurde Einwanderungsland auch für Schweizer, Pfälzer und andere. Als der Große Kur-

Der Bauherr des alten Stadtschlosses, Friedrich Wilhelm, der Große Kurfürst, mit seiner ersten Frau Louise Henriette von Nassau-Oranien und ihren drei Kindern, gemalt von dem Holländer van Mytens. Nur das kleinste überlebte den Vater. 1701 wurde Friedrich Wilhelm III., Kurfürst ab 1688, als Friedrich I. der erste König in Preußen.

fürst 1688, in seinem 48. Regierungsjahr, im Potsdamer Schloß verstarb, hinterließ er einen aufgefrischten soliden Staat, den sein Nachfolger allerdings an den Rand des finanziellen Ruins bringen sollte.

Friedrich I., Preußens erster König, unterstrich seine Würde mit allem Pomp des Barock. Um so knauseriger war der nächste, Friedrich Wilhelm I., der seinen Drang zur Sparsamkeit jedoch prompt vergaß, sobald er „lange Kerls" kaufen konnte, Soldaten von einer Statur, die seither als Gardemaß bezeichnet wird. Sofort mit Regierungsantritt, 1713, war er mit seinem Leibbataillon, den „roten Grenadieren", in Potsdam einmarschiert. Die Kleinstadt avancierte zur Garnisonshauptstadt Preußens. Fast zweieinhalb Jahrhunderte war nun der Name Potsdam ein Begriff für Disziplin, Pflicht, Dienen, aber auch Drill, Hackenknallen, Parademarschtritt, Säbelrasseln. Der schneidige Befehlston wurde laut, der in Deutschland schließlich als typisch Potsdamer Ton empfunden wurde, als militaristische Stimme preußischen Machtanspruchs. Für Friedrich Wilhelm I. blieb die Armee freilich nur dräuende Dekoration seines Staates; aus Kriegen hielt der Soldatenkönig sie jedenfalls heraus. Die führte der Sohn.

Wer heute die Treppe im terrassierten Garten zu dem kleinen Schloß hinaufgeht, das eigentlich nur Wohnhaus war, gleichsam ein Rokoko-Bungalow, der steigt hinauf zu einem Mythos: Der Feingeist und Entfesseler eines Raubkriegs, Eroberer der reichen Provinz Schlesien, der Verteidiger seines Landes in siebenjährigen Feldzügen, der große König, in dessen Regierungszeit, 1740 bis 1786, Preußen eine Großmacht wurde, und der am liebsten hörte, daß man ihn rühmte als „Philosophen von Sanssouci" – dort hat er gelebt, ist er gestorben.

Noch bevor 1745 der Grundstein zu dem legendär gewordenen Schloß gelegt war, hatte Friedrich II., erst 33 Jahre alt, in dessen Nachbarschaft eine Gruft ausheben lassen; und wenn er dort oben sein werde, sagte er einmal bei einem Spazier-

Friedrich Wilhelm I., geboren 1688, König von 1713 bis 1740, gemalt von Antoine Pesne. Er hinterließ seinem Sohn die starke Armee und den Staatsschatz, die es Friedrich II. erlaubten, in den Krieg gegen Österreich zu ziehen.

gang, zur Anhöhe deutend, „werde ich ohne Sorgen sein". Er sagte es in der Sprache, die er, im Gegensatz zur deutschen, in ihren Feinheiten beherrschte: „Je serais sans souci." Seine Begleiter mögen an das Grab gedacht haben; doch so hat das Schloß seinen Namen erhalten.

Errichtet und ausgestattet von Knobelsdorff nach der detaillierten Anweisung des Bauherrn, ist Schloß Sanssouci abgeschirmt von der Sorgenwelt durch ein Areal von Parks und Gärten, in denen der Zauber des Zeitlosen, Märchenhaften und Exotischen die rauhe Wirklichkeit vergessen macht: Götterstatuen, klassische Allegorien, Tempelchen, Neptungrotte, künstliche Ruinen, dazu ein chinesisches Teehaus ... Sternenfern von Krieg und

schnöder Politik scheint Sanssouci zu liegen: Das Konzept von Sanssouci, der König spielt die Querflöte, und seine fast tägliche Stunde, elf bis zwölf Uhr, in der Bildergalerie, Rubens, Correggio, der bevorzugte Watteau, und die Tafelrunde der nach neuester französischer Mode

Potsdam 1894. Im Vordergrund, auf dem Babelsberger Ufer, die Bahnlinie Berlin–Brandenburg mit ihrer Havelbrücke. Straßen- und Fußgängerbrücke, in der Bildmitte verdeckt, war und ist die Lange Brücke, die über die Freundschaftsinsel hinweg auf die Südost-Ecke des Schlosses zuführte.

gekleideten Literaten und Causeure mit dem Esprit-Gefunkel Voltaires – dieses Schloß ist umrankt von Geschichten und Anekdoten. Es war damals schon eine exquisite Fremdenverkehrsattraktion, als Engländer und Franzosen ihre Nasen an die Fensterscheiben drückten, um einen Blick auf den großen Frédéric zu erhaschen, der alt und müde in seinem Sessel hockte, eine noch lebende europäische Legende. Kein halbes Dutzend Soldaten übrigens ging rund um Sanssouci lässig Wache.

Eine Garnison von 5000 Soldaten, fast alle in Dauereinquartierung in mehr als tausend Bürgerhäusern, und etwa 18 000 Personen „Zivilbevölkerung" wurden nach Ende der friderizianischen Ära in

Potsdam gezählt. Die „Potsdamer Wachtparade", die vordem bewunderte Grenadiergarde, war in ihrem Reglement erstarrt und wurde in den Kriegen gegen Napoleon vernichtend geschlagen. „So vergeht der Ruhm der Welt", soll der Franzosenkaiser gesagt haben, als er 1806 in der Gruft der Garnisonkirche vor dem Sarkophag des 1786 gestorbenen Preußenkönigs stand.

Nach den Napoleonischen Kriegen war ein Drittel der Potsdamer Einwohnerschaft, unter ihnen Hunderte von Soldatenwitwen und -waisen, buchstäblich bettelarm. Einen wirtschaftlichen Aufschwung gab es zunächst nur für das Potsdamer Tuchgewerbe, das von Heeresaufträgen lebte, und durch die Gewehrfabrik, die 1817 mit mehr als 200 Arbeitern der größte Betrieb am Ort war. Mit dem Bau von immer mehr Kasernen, und weil der Staat zahlreiche höhere Verwaltungs-, Justiz- und Militärbehörden in die beliebte Hohenzollernresidenz verlegte, begann die Epoche, in der Potsdam vollends in Ruf wie Ruch einer Erzpreußenstadt geriet. Doch jene Zeiten, da schon sein Name allein das explosive Aufreizwort im historisch-politischen Streit der Deutschen war, sind verrauscht. Das heutige Potsdam, Hauptstadt des Bundeslandes Brandenburg, hat 129 000 Einwohner, fast 20 000 weniger als 1990. Aber 18 000 von ihnen sind im Jahrzehnt, seit die DDR samt ihren Grenzsperren fiel, aus westlichen Bundesländern, vor allem aus Westberlin, zugezogen, weit mehr als in jede andere Stadt auf ehemaligem DDR-Territorium. Die Großstadt Potsdam, der man nicht anmerkt, daß sie Großstadt ist, verdankt ihren neuen Aufschwung natürlich auch der S-Bahn-Nähe zur Metropole Berlin. Doch sie blüht auf aus eigener Wurzel; und daß ein ödes Gelände, auf dem die sowjetischen Truppen übten und schon die preußischen Obristen ihre Regimenter gedrillt hatten, zum Ort der Bundesgartenschau 2001 avancierte – das mag Episode sein und ist doch ein gleichnishaftes Beispiel dafür, wie sich der Gang der Geschichte im Potsdamer Stadtbild spiegelt.

Er war es, der Preußen mächtig machte: Friedrich II., der Große. Das Reiterstandbild im Park von Sanssouci zeigt ihn als unpathetischen Feldherrn, der auch den Anspruch, als Philosoph zu gelten, spüren läßt. Geschaffen wurde es 1865 von den Bildhauern Lazzerini und Baratta, angeregt durch Rauchs Friedrich-Denkmal in Berlin, Unter den Linden. Der Bogenschütze, aus dem Jahre 1902, ist ein Werk von Ernst Moritz Geyger, der auch als Grafiker berühmt war. Im Hintergrund der Mittelteil der 300 Meter langen Neuen Orangerie, von Persius 1860 nach Ideenskizzen von Friedrich Wilhelm IV. gebaut. Die Treppe wurde von Kaiser Wilhelm II. 1913 zu seinem Regierungsjubiläum, 25 Jahre, angelegt.

A

uf dem Torbogen der Kolonnade, der bei Kriegsende 1945 beschädigt wurde, hat sich Grünes verwurzelt. Der Teleobjektiv-Blick fällt auf die Kuppel des Schlosses, mit dem Friedrich der Große das Gegenstück zum kleinen feinen Sanssouci baute. Eine „fanfaronade" hat er es genannt. Mit einem Heer schmückender Figuren und mit den drei Grazien, die dem Himmel die Krone entgegenhalten, sollte das Neue Palais die neue Macht und den neuen Reichtum Preußens repräsentieren. Es war ein Schloß für „Haupt- und Staatsaktionen".

D ie Kuppel der Nikolaikirche — das Kreuz in einer Höhe von gut 70 Metern — beherrscht die Silhouette des alten, in einer Bombennacht im April 1945 weithin zerstörten Stadtkerns. Auch diese Potsdamer Hauptpfarrkirche, entstanden nach den Plänen des großen preußischen Baumeisters Schinkel, erlitt schwere Schäden. Ihre 1850 fertiggestellte Kuppel zerbrach. Es dauerte fünf Jahre, bis sie 1960 im alten Stil erneuert war; finanziert wurden die Arbeiten mit Geld aus der Bundesrepublik. Der Atlas, dem die Weltkugel aufgebürdet ist, steht auf dem Turm des ebenfalls renovierten Alten Rathauses.

S chloß Cecilienhof wurde 1913 bis 1917 für Kronprinz Wilhelm gebaut, den Kaisersohn, der mit Cecilie von Mecklenburg-Schwerin verheiratet war. Der ausgedehnte Fachwerkbau mit 55 Schornsteinen, von denen jeder in einem anderen Muster gemauert ist, beherbergt heute ein Hotel — und die Gedenkstätte, die an den 2. August 1945 erinnert: Da wurde hier von den Chefs der Siegermächte das „Potsdamer Abkommen" unterzeichnet, das Deutschlands Teilung in Besatzungszonen und auch den Untergang Preußens besiegelte. Die roten Blumen blühen noch in Form des Sterns der Roten Armee.

Die Schlösser: Wo die private Historie wohnt

r wolle „nicht wie die Römer" bauen, nicht für eine Ewigkeit, sagte Friedrich II. einmal zu Anfang seiner Regierungszeit dem Inspektor der Potsdamer Schlösser und Gärten: „Es soll nur bei meinem Leben dauern"; dann mag's zerfallen. Zunächst aber hatte es so ausgesehen, als wollte er in Potsdam überhaupt nicht bauen. Er hatte in Rheinsberg seinen kronprinzlichen „Musenhof" geführt, weitab vom „Gamaschendienst" auf dem Exerzierplatz, in wohltuender Distanz zum Vater. Die Seelenwunde, die der Alte dem Jungen, gescholten als „Französling" und „Weichling", dem es preußische Härte einzubleuen galt und dessen besten Freund er hatte hinrichten lassen, geschlagen hatte, war in Versöhnung vernarbt; der fürchterliche Vater-Sohn-Konflikt blieb aber tiefer Grund, warum Friedrich sich in kalte innere Einsamkeit, getarnt mit Zynismus, flüchtete; schärfer akzentuiert: in eine Egozentrik, die nicht zuletzt in Ort und Art seines Wohnens Ausdruck finden sollte.

Schloß Rheinsberg war zu klein für einen Herrscher und zu fern von Berlin, an dessen Hauptstadtrang nicht der leiseste Zweifel war. Am besten gefiel dem neuen König offenbar das Berlin nahe Schloß seiner Großmutter Sophie Charlotte, einer Freundin des Philosophen und Rund-um-Gelehrten Leibniz. „Charlottenburg", hat Friedrich II. in seiner Geschichte des Hauses Brandenburg geschrieben, „war Mittelpunkt der Leute von gutem Geschmack. Allerlei Vergnügungen und Festlichkeiten jederart machten den dortigen Aufenthalt genußreich und den Hof glänzend." Seine erste Bau-Order war, das Schloß zu vergrößern.

Georg Wenzeslaus von Knobelsdorff. Er nahm 1729 als 30jähriger Hauptmann Abschied vom Militärdienst und wurde Maler und vor allem Architekt, schließlich der Meister des friderizianischen Rokoko.

Nach Rückkehr aus seinem ersten Feldzug, in dem er den größten Teil Schlesiens und die Grafschaft Glatz erobert hatte, war er sich aber sicher, daß er die „Pflanzstätte" seiner Armee gleichsam vor seiner Haustür haben müsse; und weil es unmöglich war, die Truppe aus Potsdam nach Charlottenburg zu verlegen, zog er also doch in die vom Vater geprägte kleine Stadt, die er möglichst gemieden hatte, und dementierte auch seinen Vorsatz, nichts zu bauen, was ihn überdauern solle – wenn auch, als er früh zum Greis gealtert war, Sanssouci durchaus den Eindruck erweckte, als schere er sich in der Tat nicht um irgendeine Ewigkeit. „Dem Alten Fritz bin ich recht nah geworden", notierte Goethe 1779 nach kurzem Besuch in Potsdam, „da hab' ich sein Wesen gesehen, sein Gold, Silber, Marmor, Affen, Papageien und zerrissene Vorhänge"; da näherte sich Sanssouci dem Zustand einer verkommenen Junggesellenbude.

Wie für seinen Vater und anders als für die anderen preußischen Könige war für Friedrich den Großen Potsdam nicht nur Sommer-, sondern trotz Berlin Hauptwohnsitz. Friedrich Wilhelm I. hatte im Stadtschloß residiert. Im Winter oder bei schlechtem Wetter wohnte dort auch sein Nachfolger; Sanssouci aber war Friedrichs Heim, sein Zuhause.

Lage, Ausmaß und Aussehen wurden in den entscheidenden Fragen von Friedrich selbst bestimmt und entgegen fast sämtlichen Konventionen für den Bau von Königsschlössern festgelegt. Er wählte ein ödes Ackergelände, Kohlgärten mit dem Wüsten Berg, der als Weinberg kultiviert wurde. Er beschränkte sich auf ein Haus für ihn allein nebst ein paar Gästen. Er ließ ihm zwei Gesichter geben: An der Auffahrtseite, der Nordseite, wirkt auch Sanssouci mit Säulen, Kolonnade, Ehrenhof offiziell-repräsentativ, gebietet es Respekt vor einem mächtigen Herrn; an der Gartenseite hingegen spiegelt es die Intimität des Privaten, suggeriert es Lebensglück in Distinktion, herausgehoben aus der banalen Sorgenwelt. Und Friedrich setzte durch, daß es ebenerdig liegt und nicht, wie Knobelsdorff es wünschte, unterkellert und ein paar Stufen über der Terrasse.

Friedrichs Architekt, Georg Wenzeslaus von Knobelsdorff, ein Brandenburger aus der Gegend von Crossen, war Offizier gewesen, ein Gefährte in Rheinsberger Tagen, als er sich der Kunst, auch der Malerei, zuwandte und seine Studien auf einer Italienreise und in Paris komplettierte. Schon im ersten Regierungsjahr ernannte Friedrich ihn zum obersten Baubeamten; und Knobelsdorff schuf den Stil, der als „friderizianisches Rokoko" in die Kunstgeschichte eingegangen ist: mit feingliedrigen klassizistischen Elementen und einer ausgereiften, nicht mehr üppig wuchernden Ornamentik. Sanssouci ist sein Paradestück.

Wer sich im Blick vom Rondell aus, in der postkartenbekannten Perspektive zur Anhöhe, auch Nüchternheit erlaubt, wird freilich bemerken, daß Sanssouci dort oben eine Spur zu flach, ein bißchen gedrückt erscheint; Knobelsdorff hatte recht: Zu den 132 Stufen, die man heute

in anderen Schlössern hielt er's so: Das Bett stand gleich neben dem Arbeitsraum. In der Innenausstattung schwelgte das Rokoko mit vergoldeten Stukkaturen, antiken Büsten, allegorischen Wandmalereien, Spiegeln, Bronzedekor. Der König, Anfang dreißig, fast zierliche Figur, etwa 1,65 Meter, paßte da gut hinein. Bis etwa 1750 kleidete er sich nach neuester Pariser Mode, bevorzugte Gala-Röcke, gold- und silberdurchwirkt, Brillantenknöpfe. Später trug er nur noch Uniform, die mit den Jahren immer schlichter und schäbiger wurde: am Rock voller Schnupftabakflecke nur den achtzackigen Stern des Schwarzen Adlerordens, des höchsten in Preußen, der zugleich eine Art Sichtausweis war, falls jemand wirklich nicht erkennen sollte: Das ist der König. Als junger Mann hatte er die Uniform gehaßt; im Alter war sie ihm gleichgültig.

Auf elegante Weise war Friedrich II. ebenso herrisch wie sein polternder Vater. „Er hat Geist", attestierte ihm 1753 Voltaire, der umschmeichelte Gast, der damals maßgebliche Intellektuelle, „arbeitet frisch, leicht, flink und begreift, was man ihm sagen will, beim ersten Wort"; aber er sei „ein böser Spötter", dulde keinen Einwand und behandele „alle Welt wie Sklaven". Bei den Kammerkonzerten, am Cembalo Carl Philipp Emanuel Bach, ein Sohn Johann Sebastian Bachs, wollte Friedrich meist nur seine eigenen Kompositionen hören. Seine Querflöte legte er mit 66 Jahren für immer beiseite; seine Hände zitterten, Vorderzähne waren ihm ausgefallen. Immer öfter und länger zog er sich in seine Bibliothek zurück, 2200 Bände, griechische und römische Autoren in französischer Übersetzung und die zeitgenössische französische Literatur. Sie sind

Voltaire und „Frédéric", der Preußenkönig mit der ausgeprägten Neigung zur französischen Kultur. Der Philosoph der Aufklärung, fast 18 Jahre älter als Friedrich II., war in Berlin und Potsdam der bevorzugte Gast, ein geistiger Mentor des noch jungen, intellektuell eitlen Herrschers.

den Hang hinaufgeht, hätten noch ein halbes Dutzend mehr unmittelbar am Schloß hinzukommen müssen, und es würde sich dem Betrachter noch schöner zeigen. Aber Friedrich dachte nicht daran, Rücksicht auf besondere Außenwirkung zu nehmen. Er wollte aus der Tür stante pede auf die Terrasse, von der er wie von einem Feldherrnhügel über Potsdam hinwegschauen konnte.

Der König trieb die Arbeiten, die von Johann Boumann geleitet wurden, einem Holländer, der in Potsdam auch den Bau des Holländischen Viertels abschloß und Architekt des Rathauses war, mit Ungeduld voran. Einige Räume waren noch nicht fertig eingerichtet, als Friedrich am 19. Mai 1747, vier Jahre nach der Grundsteinlegung, einzog — ins eleganteste Haus seiner Zeit. In seiner Mitte befinden sich Vor- und Marmorsaal, in dem einen Flügel fünf Gästezimmer, in dem anderen die Wohnung des Königs: Empfangszimmer, Musikzimmer, zu ihm offen das Arbeitszimmer mit dem Alkoven, in dem er schlief, am Ende der Suite, im Halbrund des Bauflügels, die Bibliothek. Auch

heute ersetzt durch Bücher, die im Stadtschloß standen. Seine Gemäldesammlung
wurde 1763 in ein neues Haus in Nachbarschaft von Sanssouci verlegt. Man darf
behaupten: Es ist der älteste in Deutschland erhaltene Museumsbau. Einige der
Hauptwerke hängen heute im Schloß
Charlottenburg.

Aus seinem mit Zedernholz getäfelten Bü-
cherkabinett schaute der gichtige Alte
Fritz auf die schlichte Gruft, in der er seiner letzten Sorgen ledig sein wollte. Am
17. August 1786 um halb drei Uhr mor-
gens ist er in Sanssouci gestorben. „Cela
sera bon. La montagne est passée", sollen
am Abend zuvor seine letzten Worte gewesen sein: gleich wird es gut; der Berg ist
überwunden. Nur drei Diener waren an-
wesend. Sein Nachfolger Friedrich Wilhelm II., sein Neffe, der weder den Onkel
noch Sanssouci mochte, ließ ihn in der
Garnisonkirche beisetzen, neben dem Vater, an dessen unerbittlicher Strenge der
junge Friedrich fast zerbrochen wäre.

In seinen Eitel- und Unleidlichkeiten war
Friedrich II., was man ein wenig hilflos als
„schwierigen Menschen" bezeichnet, einer zudem, der in Sanssouci und auch
sonst „sans femmes" lebte; an Frauen war
er nicht interessiert. Als König charakteri-
sierte ihn solche Szene auf dem Schlacht-
feld: „Sterb' er gefälligst anständig!"
herrschte er im Vorbeireiten einen verblu-
tenden, jammernden Junker an – und
dann schüttelte ihn ein Weinkrampf. Sein
historischer Rang „der Große", den ihm
die Zeitgenossen zuerkannten, hat allen
Degradierungsversuchen moderner Ge-
schichtsbetrachter standgehalten. Rudolf
Augstein hat sein intellektuell scharfge-
schliffenes Buch über „Preußens Friedrich und die Deutschen", erschienen
1968, der Faktenfülle wegen heute noch
lesenswert, mittlerweile zum „Pamphlet"
zurückgestuft. Freilich bleibt Friedrich

Wachtparade in Potsdam.
Der Alte Fritz mustert ein
Leibgardebataillon, ein
Kupferstich von Daniel Cho-
dowiecki, der gleichsam ein
Bildreporter seiner Zeit
war. Rechts mit der hohen
Husarenpelzmütze: der alte
Ziethen, einer der berühm-
ten Generäle Friedrichs des
Großen.

der Große auch ungeeignet, das deutsche
Geschichtsbild zu irgendwelchem höhe-
ren Ruhm des Vaterlands zu dekorieren.
Die beiden Sarkophage aus der Garnisonkirche, 1945 kurz vor Kriegsschluß fort-
geschafft, standen dann in der Hohenzol-
lernburg in Hechingen an der Schwä-
bischen Alb. Jetzt sind sie nach Potsdam
zurückgeholt; und der legendäre König ist
endlich dort bestattet, wo er es gewollt hat:
auf der Höhe von Sanssouci, nahe den
Gräbern seiner elf Windspiele, über die
eine Flora-Statue wacht.

Nach dem Siebenjährigen Krieg (1756–
1763), in dem er Preußen hart am Rande
des Ruins vorbei in eine mitteleuropäi-
sche Großmachtstellung geführt hatte,
baute der nun unbezweifelbar große
König das Gegenstück zu Sanssouci: das
Neue Palais, ein Demonstrationsobjekt

von Macht und Reichtum des im Monar-
chen personifizierten Staates. Mit einer
Front von fast 250 Metern, 200 Räumen
und den drei Grazien auf der Kuppel, die
des Königs Krone in den Himmel heben,
hat es politisch Eindruck schinden sollen:
Seht her, das kann sich Preußen leisten!
1769 war es fertig. Wie für Sanssouci
hatte Friedrich selbst den Entwurf skiz-
ziert, und wieder drang er auf schnellste

Friedrich Wilhelm III.
im Jahre 1813. Er war
König 1797–1840, in
erster Ehe verheiratet mit
der legendären, 1810
gestorbenen Königin Luise.
Friedrich der Große war
sein Großonkel. Unter
Friedrich Wilhelm III. entwickelte sich Potsdam
immer mehr auch zu einer
Beamtenstadt.

Verwirklichung. Knobelsdorff war seit zehn Jahren tot; Bühring, der 1764 schon nach dem ersten Baujahr aufgab, und Manger hießen die Architekten, die heute nur noch Experten bekannt sind. Der dritte war Carl von Gontard, der auch die beiden palastartigen, mit einer Kolonnade verbundenen Diener- und Küchenhäuser vis-à-vis der Schloßrückseite baute. Im Jahr vor der Fertigstellung des Neuen Palais fiel er, obwohl just geadelt, in Ungnade. Der König war für ihn nicht mehr zu sprechen und ließ ihn gelegentlich, wie andere Potsdamer Baumeister auch, auf der Wache festsetzen; im Dezember 1774 wurde Gontard sogar für 43 Tage arretiert. Für Friedrichs Nachfolger baute er das Marmorpalais am Heiligen See.

Prägendes Element im äußeren Stil des Neuen Palais ist der „Palladianismus", der damals in Frankreich und Holland in Mode war, wo ihn Friedrich auf einer Reise nach Amsterdam, 1754, kennengelernt hatte. Er fußt auf Arbeiten des italienischen Baumeisters Andrea Palladio (1508–1580), des frühen Lehrmeisters klassizistischer, mithin im Studium der Antike geschulter Architektur. Merkmale sind beispielsweise die Pilaster, die aus der Wand etwas hervortretenden Pfeiler zwischen den Fenstern, und die wie Augenbrauen gewölbten Bogen über der Fensterreihe im ersten Stock. In seiner Monumentalität, mit den riesigen Sälen im Mittelteil und den 488 Figuren vor der Fassade und auf dem Dach wurde das Neue Palais nicht nur von den Potsdamern „wie ein Wunder" bestaunt. Es sollte repräsentativen Auftritten dienen, Haupt- und Staatsaktionen und die „durchlauchtigsten" Besucher aufnehmen. Die Wohnung, die für Friedrich eingerichtet wurde, hat er so gut wie nie benutzt. In Ironie, die ihn als Bauherrn auch selbst betraf, nannte er sein neues Schloß eine „fanfaronade", eine Großsprecherei.

Im Neuen Palais starb im Juni 1888, drei Monate nach dem Tode seines Vaters Wilhelms I. in Berlin, Friedrich III., der, an Kehlkopfkrebs erkrankt, nur 99 Tage der zweite Kaiser im neuen Deutschen Reich war. Verheiratet war er mit „Vicky", der Lieblingstochter der Queen Victoria, der die Hofkamarilla ihrer liberalen politischen Ansichten wegen mißtraute und die jedenfalls keinen Hehl daraus machte, daß sie von ihrem ältesten Sohn nichts Gutes erwartete. Er bestätigte das prompt: Sofort nach dem Hinscheiden des Vaters ließ Wilhelm II. das Neue Palais von Soldaten umzingeln; Offiziere durchsuchten die Gemächer nach den Privatpapieren seiner Mutter. Gefunden wurde nichts; die Aufzeichnungen lagen im Safe in Windsor. Wilhelm II., der letzte deutsche Kaiser, nahm im Neuen Palais, das eine Auffahrtterrasse erhielt, seinen Sommersitz; es wurde Schauplatz imperial-pompöser Staatsakte, 1901 wurde dort der „Sühneprinz" empfangen, der Chinas Entschuldigung für einen Aufruhr in Peking, den „Boxer-Aufstand", den ein europäisches „Expeditionskorps" niedergeschlagen hatte, überbrachte. 1910 kam Zar Nikolaus II., um Abgrenzungen von Einflußsphären im Nahen Osten zu erörtern. Die Straße vor dem Schloß eignete sich vorzüglich als Paradestraße.

Das Neue Palais steht am westlichen Ende der Gärten von Sanssouci. Von ihm führt die Hauptallee schnurgerade über mehr als anderthalb Kilometer zur Fontäne zu Füßen von Sanssouci, zu Friedrichs Zeiten ein träges Bassin. Die „Wasserspiele" plätscherten erst munter, nachdem 1842 unten an der Neustädter Havelbucht das Pumpwerk installiert war, das Persius als Mini-Moschee verkleidete, den Schornstein als Minarett, und die anfangs schwache Dampfmaschine Jahre später für genügend Druck sorgte. Wenige hundert Meter von der Fontäne, am östlichen Ende des Querwegs durch die Parkanlagen von Sanssouci, spiegelt sich in einem Teich die

1854 eingeweihte Friedenskirche. Ludwig Persius, der in Potsdam geborene Schinkel-Schüler, hat sie nach Vorgaben gebaut, in denen sich Eindrücke der von Friedrich Wilhelm IV. noch als Kronprinz unternommenen Italienreise niedergeschlagen hatten. Vorbild des Kirchenschiffs ist die Basilika S. Clemente in Rom. Das Mosaik in der Altarnische, aus dem 12. Jahrhundert, war auf Anweisung und Kosten des Kronprinzen in S. Cipriano auf der Insel Murano bei Venedig abgenommen und nach Potsdam gebracht worden, vorsorglich, damit er's irgendwann irgendwo verwenden konnte. Das sind Details, die ahnen lassen: Von 1840 an hatte Preußen einen kunstkennerischen König, in dessen Schönheitssinn das Licht Italiens leuchtete.

Die kleine neue Kirche und nicht mehr die Garnisonkirche mit ihren 2200 Plätzen sah er als seine „Hofkirche" an. Mit ihrem Namen wollte er, wie er seinem Bischof schrieb, dem für ihn weltlich negativen Begriff „Sanssouci" das geistlich Positive entgegenhalten: „Frieden", worauf in der Grundstein-Urkunde auch profan hingewiesen wurde: „Im 30sten Jahre des Friedens nach dem Sturz Napoleons" wurde der fast ein Jahrzehnt dauernde Bau begonnen. Die hohen Platanen, die ihn säumen, waren schon 60

Friedrich der Große. Das Bild stammt aus der Zeit nach dem Siebenjährigen Krieg, in dem er sein Land in eine europäische Großmachtstellung manövrierte. „Suum cuique" lautet die Devise auf dem Schwarzen Adlerorden, dem höchsten in Preußen: Jedem das Seine.

Jahre alt, als der Gartenkünstler Lenné sie dorthin verpflanzte. In der Gruft der Friedenskirche sind Friedrich Wilhelm IV. und seine Frau Elisabeth bestattet, im Mausoleum daneben Kaiser Friedrich III. und dessen 1901 gestorbene Frau Viktoria, die sich nach Kronberg im Taunus zurückgezogen hatte.

Mit dem Marmorpalais, „klein, aber voller solider Pracht, Marmor ist eine Menge da", wie es in einem zeitgenössischen Bericht zu lesen stand, hatte nach dem friderizianischen Rokoko eine neue Ära des Bauens begonnen. Wer wissenschaftlich exakt wissen möchte, wie die Entwicklung seit der Zeit des Großen Kurfürsten bis in

auch Laien-Neugier fesseln. „Es war für Potsdam ein Gewinn", schreibt er über Friedrich Wilhelm IV., daß er „einen sicheren Kunstsinn" besessen habe, „der sich mit den Auffassungen der damals bereits anerkannten Autorität in der Architektur, den Auffassungen Schinkels, und mit dem führenden Mann in der Gartenkunst, Lenné, harmonisch zu verbinden wußte".

Als Friedrich Wilhelm noch Kronprinz war, baute ihm Schinkel, gemeinsam schon mit Persius, das Schloß Charlottenhof, das einzige in Potsdam, dessen Inneneinrichtung original erhalten ist, ein Schlößchen, nobel in seinem klassizistischen Stil mit den vier Säulen vor dem Mittelbau, dem Ausmaß nach aber nur ein fürstliches Wohnhaus. Als König ließ er die Neue Orangerie anlegen, eine effektvolle Renaissancekulisse für den Park von Sanssouci. Die stattlichen Schlösser, die er skizzierte, blieben Traum. Das letzte, das in Potsdam entstand, ist Schloß Cecilienhof, das Paul Schultze-Naumburg (1869–1949) für den letzten deutschen Kronprinzen entwarf; Baubeginn 1913, Fertigstellung ungeachtet der Kriegsnöte 1917. Die um fünf Innenhöfe gruppierten 179 Räume sind dem Schloß nicht anzumerken; üppig mit Efeu bewuchert, tarnt sich Schloß Cecilienhof als Landsitz eines schwerreichen Lords.

Mit den klassischen Schlössern von Potsdam hat's nichts mehr zu tun – und an den großen König in Sanssouci, der nicht für eine Ewigkeit bauen wollte, erinnert es nur insofern, als 1945 im Cecilienhof am runden Tisch der Siegermächte auch Preußen keine Ewigkeit beschieden war. Heute ist es ein vornehmes Hotel.

Das Flötenkonzert in Sanssouci. So hat es Adolph von Menzel 1852 in einem seiner bestbekannten Gemälde nachempfunden; und ob's künstlerische Gestaltungsfreiheit oder historische Wirklichkeit war: Ausnahmsweise sind auch Frauen in Sanssouci eingeladen, vorn die Prinzessinnen Amalie und Wilhelmine, Schwestern des Königs, des Solisten mit der Querflöte.

die wilhelminische Epoche verlaufen ist, muß zur „Potsdamer Baukunst" greifen, dem schwergewichtigen Band, den Professor Dr.-Ing. Friedrich Mielke erarbeitet hat, der hervorragende Kenner der Baugeschichte dieser Stadt; sein Standardwerk ist zum Studieren da, kann mit seiner Fülle kulturhistorischer Einzelheiten aber

Mit
einer Front von 240
Metern, gekrönt von einer
„Tambourkuppel", gegliedert mit klassizistischen
Pilastern, den fassadenhohen Mauerpfeilern zwischen
den Fenstern, so ist das
Neue Palais ein heute noch
Respekt erscheischender
Bau. Sein Ausmaß, sein
Aussehen hat Friedrich der
Große selbst bestimmt;
wohnen freilich blieb er in
Sanssouci. Das Neue Palais
diente der Prachtentfaltung
von König und Staat und
schließlich der Repräsentationslust des letzten Kaisers
im Deutschen Reich, Wilhelms II., in dessen Ära
der Name Potsdam auch
ein Begriff für Überheblichkeit geworden war.

N ach dem Siebenjährigen Krieg, aus dem Preußen als europäische Großmacht hervorging, ließ Friedrich II., nunmehr „der Große", das Neue Palais bauen. „Einen Kanonenschuß weit von Sanssouci", wie ein Architekturkritiker vor 200 Jahren geschrieben hat, am Westrand der 290 Hektar umfassenden Parkanlagen, wurde Potsdams repräsentativstes Schloß errichtet. Sein königlicher Bauherr empfand es als „fanfaronade", was man mit Lauttönerei oder Großsprecherei übersetzen kann; und in die Fanfare stoßen prompt auch die allegorischen Frauengestalten im Giebelschmuck an der Parkseite des Palais.

Das Neue Palais hat 200 Räume, darunter riesenhafte Säle, die dem Ruhm und Glanz der Monarchie wechselnde Rahmen gaben: der Spiegelsaal. Spiegel, hier türengroß, waren ein beliebtes Raumdekor des Rokoko auch in dessen preußischer Spielart, dem friderizianischen Rokoko, das sich in diesem Schloß in seinem Spätstil zeigt: Da wirkt nur noch weniges klein, leicht, intim. Die elektrische Beleuchtung läßt vergessen, wie schwach einst das Kerzenlicht der Lüster war — so hatten die Spiegel, die es reflektierten, auch eine erhellende Funktion.

D er Marmorsaal im Neuen Palais mit dem marmornen Fußboden. Er ist der größte Saal in diesem Schloß. Bilder mit Szenen aus der antiken Mythologie, ins Rokokohafte übertragen, allegorische Statuen und auch Standbilder der ersten brandenburgischen Kurfürsten, wie sie wohl nicht waren, aber wie man sie sich vorstellte, schmücken zusätzlich den ohnehin verschmückten Raum.

2 860 177 Taler hat das Neue Palais den König gekostet; zum Vergleich: für alle Militärbauten während seiner Regierungszeit in Potsdam gab er 355 105 Taler aus, für Bau und Reparaturen von 621 Bürgerhäusern in Potsdam 3 195 200 Taler.

S anssouci. Das kleine Schloß wird als „Juwel des friderizianischen Rokoko" gepriesen und ist in der Tat eine weltberühmte Attraktion. Die 132 Stufen führen über die Weinbergterrassen hinauf in legendäre Höhen deutscher Geschichte: Dort hat er gelebt, der große König, der auch ein böser Friederich sein konnte und als „Alter Fritz" 1786 dort oben starb. Und dort liegt er seit 1991 auch begraben. Die Plastik gehört zu den Götterbildern an der Großen Fontäne im Park: Die Friedensgöttin füttert eine Taube.

S tatuen,
Büsten, Skulpturen aller
Art pointieren die Gartenlandschaft oder verstecken
sich auch abseits der viel-
begangenen Wege. Von ita-
lienischen Künstlern
kopierte Werke der Antike,
zeitgenössische Arbeiten
deutscher und französischer
Bildhauer, phantastische
Allegorien und Versuche,
konkrete historische Erinne-
rungen bildhaft zu machen,
anspruchsvolle Kunst und
solides Kunsthandwerk...
das gibt's im Park von
Sanssouci in Hülle und
Fülle.

Wohin man auch blicken mag, Sanssouci überrascht in vielfältiger Ästhetik. Nah betrachtet: Schmuck am östlichen Gitterpavillon mit dem goldenen Relief der strahlenden Sonne. Es läßt an die höchste Auszeichnung im Preußenstaat denken, an den silbernen Stern des Schwarzen Adlerordens, der 1701 von König Friedrich I. gestiftet wurde. Der Orden mit der Inschrift „Suum cuique", Jedem das Seine, war der einzige, den Friedrich der Große am Uniformrock trug – für Leute, die den König zuvor nicht gesehen hatten, gleichsam auch seine Erkennungsmarke.

G eistiger
Urheber des von Knobels-
dorff 1745 bis 1747 erbau-
ten Schlößchens Sanssouci
war Friedrich II. selbst; er
setzte auch durch, daß es
nicht irgendwie erhaben,
sondern flach auf die Terrasse gesetzt wurde.
306 843 Taler hat er für
den Bau und die elegante
Inneneinrichtung gezahlt.
Damals war die Kasse des
Königs noch zugleich die
Staatskasse; erst unter
Friedrich Wilhelm III. wurden Hof- und Staatsfinan-
zen voneinander getrennt.

Friedrich der Große hat in Sanssouci durchaus nicht ohne Sorgen und nicht nur im Kreise willkommener Gäste gelebt. Generäle und Beamte mußten sich zum Rapport melden, Diplomaten angehört werden; und ihnen signalisierte der Marmorsaal mit den korinthischen Säulen, die ihm Feierlichkeit verleihen, auch Kühle und Kälte des Herrschers. Von der privaten Sphäre der Königswohnung läßt dieser Fest- und Empfangssaal wenig ahnen. Das originale Mobiliar ist verschwunden.

Mit der neuen Bildergalerie, 1764 fertiggestellt, schuf sich Friedrich der Große den Raum für seine stetig wachsende Sammlung. Das von Johann Gottfried Büring, einem der für Potsdams Baugeschichte wichtigen Architekten, gebaute Haus gilt als „der erste eigenständige Museumsbau in Europa". In seinem Saal wurden 124 Gemälde endlich so gehängt, daß nicht mehr das eine den Eindruck des anderen stören konnte. Ein besonderes Faible hatte Friedrich für Jean-Antoine Watteau, den in seinem Jahrhundert bedeutendsten französischen Maler.

Das klassische Potsdam. In solchen Momenten wird es zeitlos gegenwärtig: das Potsdam Friedrichs des Großen, das Potsdam des Königs Friedrich Wilhelm IV., der dem Park von Sanssouci und der Potsdamer Landschaft eine noch heute erlebbare, zwischen Natur und Kultur vermittelnde Gestalt gab. Die Statue des kunstsinnigen Friedrich Wilhelms IV. steht vor der Neuen Orangerie, einem Bauwerk seiner Epoche.

C hina, oder was man sich darunter vorstellte, war zu Friedrichs Zeiten groß in Mode, ein hochbeliebtes Rokoko-Element; und so errichtete Büring im Park von Sanssouci den „Sinesischen Pavillon", ein Chinesisches Teehaus mit Küche, in der zuweilen auch ein Diner zubereitet wurde. Der Skulpturenschmuck und die vergoldeten Standbilder bezopfter China-Männer im Innenraum, von Johann Peter Benckert und Johann Gottlieb Heymüller, zählen zu den besten künstlerischen Leistungen des friderizianischen Rokoko.

D ieses Stück Italien, mit Terrassen, Pergolen und einem „Winzerhaus", hat Friedrich Wilhelm IV. auf dem Mühlenberg nördlich des Obelisk-Tors am östlichen Ende des Parks von Sanssouci angelegt. Es sollte Teil einer „antiken Triumphstraße" sein; zum Ausbau fehlte allerdings das Geld. Das Medaillon am Treppenaufgang zeigt den Lorbeer-umkränzten Kopf der Siegesgöttin Viktoria; und der Zufall im Moment dieser Aufnahme hat die Wolke ein „V"-Siegeszeichen bilden lassen.

Gut zwei Kilometer lang ist die Hauptallee im Park von Sanssouci; sie führt schnurgerade auf das Neue Palais zu. Aus sandigen Äckern, Kohlgärten und einem Waldstück war zugleich mit dem Bau des Schlosses auf dem Weinberg nach Friedrichs Konzept eine Anlage entstanden, in der er schließlich 600 Gärtner beschäftigte. Heute sind es etwa 300. Erweitert und neugestaltet wurde der Sanssouci-Park auf Anweisung Friedrich Wilhelms IV. von Lenné, dem größten preußischen Gartenkünstler. Die Statuen: Pomona, links, die Göttin der reifenden Früchte, und Flora, die Blumengöttin.

C harlot-
tenhof. Gebaut wurde das
kleine Schloß, eigentlich
nur eine Villa, hier von der
Gartenseite, für den Kronprinzen Friedrich Wilhelm.
Dessen Vater, König Friedrich Wilhelm III., hielt
seine Söhne ziemlich
knapp. Schinkel machte aus
der Sparsamkeit eine
Tugend und setzte, unter-
stützt von Persius, auf die
Grundmauern eines alten
Gutshauses eines seiner
schönsten klassizistischen
Werke; und Lenné fügte
das vorher sumpfige
Gelände in den Park von
Sanssouci ein. Baumeister
und Gartenkünstler arbeite-
ten eng zusammen.

Das Gegenstück: Proletariat und Stars in Babelsberg

Schlösser gibt's, die sind Scheußlichkeiten. Als Prinz Wilhelm von Preußen, just verheiratet mit Augusta von Sachsen-Weimar, nach einem Platz für einen repräsentativen Sommersitz mit Havelblick suchte, wurde er von Lenné auf den Babelsberg hingewiesen. Schinkel legte dem Bauherrn die ersten Entwürfe vor; Entscheidungen traf aber eher die Bauherrin. Prinzessin Augusta, die daheim in Weimar Unterweisung in Zeichnen und Malen auch vom Geheimrat Goethe erhalten hatte, war an künstlerischen Dingen hochinteressiert. In Architektur-Mode kamen damals „Burgen". Friedrich Wilhelm IV., von dem abhing, was in dessen Potsdamer „Landschaftsgemälde" hineingebaut werden durfte, hatte in seinen Skizzen einen „normännischen Stil" vorgegeben, in der Art englischer Gotik.

Schloß Babelsberg wurde zweimal eingeweiht, 1835 und dann wieder 1849, fast zehn Jahre nach Schinkels Tod; und da war aus dem Schloß im englisch-neugotischen Stil, etwa nach Vorbild von Windsor, in Umbauten, Erweiterungsbauten, Turmbauten, Söllerbauten ein „Phantasieschloß à la Walter Scott" geworden, wie sogar ein sonst sehr hohenzollernfreundlicher Kritiker monierte, eines nach Vorstellungsweise des berühmten Verfassers von Ritterromanen. Freilich, auch Geschmacksverirrungen können sehenswert

Die Bauherrin von Schloß Babelsberg. Prinzessin Augusta von Sachsen-Weimar galt als höchst kunstinteressiert. Unterweisung im Zeichnen und Malen hatte sie auch vom alten Goethe erhalten. Geboren 1811, war sie von 1829 an mit Prinz Wilhelm verheiratet, der 1858 Regent, 1861 König von Preußen und 1871 Deutscher Kaiser wurde.

sein; und der Park brauchte sich gewiß nicht zu schämen. Ungefähr in die Mitte der Parkanlage stellte der Hofbaurat Strack, der die Fertigstellung des Schlosses geleitet hatte, den Flatow-Turm. Er sieht ähnlich wie der Eschenheimer Torturm in Frankfurt am Main aus. Den Namen hat er, weil sein Bau, 1853 bis 1856, aus Einnahmen der westpreußischen Domäne Flatow finanziert wurde.

Mit Park und Schloß hatte Lenné den Babelsberg, früher auch Baber- oder Pagelsberg, also benannt ohne Assoziation mit dem biblischen Babylon, harmonisch in das Potsdamer Landschaftsensemble einbezogen. Ein Jahrhundert darauf wurde jenem Potsdam, das an König, Kaiser, Garde und honorige Bürger denken ließ, sein krasses proletarisches Gegenstück zugeordnet: 1939 wurde die Stadt Babelsberg eingemeindet; und die bestand eben nicht aus einem vornehmen Viertel, wo Ufa-Stars Atelier-nah wohnten und der ehemalige Reichswehrminister und letzte Reichskanzler vor Hitler, Kurt von Schleicher, ein Haus gemietet hatte, in dem er und seine Frau 1934 von Hitlers Schergen ermordet wurden. Babelsbergs größter Teil war Arbeiterstadt und hieß bis zum Zusammenschluß Nowawes; und Nowawes galt als „Hochburg der Roten", ein

Graus für das konservative Potsdam, seit in der Reichstagswahl 1912 im „Kaiserwahlkreis" Potsdam-Spandau-Osthavelland Karl Liebknecht die meisten Stimmen gewonnen hatte.

Nowawes ist der ins Tschechische übertragene Name für Neuendorf, ein sandiges Nest, an dessen Rand 1751 eine Kolonie tschechischer Weber gegründet wurde, 156 Familien. In einem „Historischen Führer", der 1987 noch in einem DDR-Verlag erschien und auf solche Details besonderen Wert legt, ist akribisch vermerkt: Nur an fünf Familien wurde die versprochene Ansiedlungsprämie von 50 Talern gezahlt; 63 erhielten nur vier Taler. 1765 wurde ein Ortsschulze zum Faktor, zum geschäftsführenden Vorgesetzten, ernannt, der die Weber auch zu Arbeiten in seiner Mühle zwang und ihnen als Monopolist des Lebensmittelhandels das Geld abknöpfte. 1769 gab es wieder selbständige „Gewerke" von Kattun- und Barchentwebern. Doch wieder wurde ein Faktor eingesetzt. 1785 fehlte für hundert Webstühle die Arbeit. Im zunehmenden Elend kam es zu Aufständen, den ersten von Arbeitern im Umkreis von Berlin. Die „Rädelsführer" wurden ins Zuchthaus Spandau gesperrt. Auch der Gottesdienst in tschechischer Sprache, der noch bis 1809 gehalten wurde, war der Obrigkeit nicht recht. Und was immer man daran erklären und deuten könnte, jedenfalls hatte die politische Unruhe in Nowawes ihre historisch-sozialen Wurzeln.

1920 ging vom Truppenübungsplatz Döberitz nördlich Potsdam der Kapp-Putsch aus, benannt nach einem rechtsradikalen Politiker, der die Regierung der Republik stürzen wollte und sich dabei auf eine Freikorpsbrigade stützte, die sich ihrer Entlassung durch die Reichsregierung widersetzte. Im kaiserlich gesinnten Pots-

dam fand der Putsch, der alsbald fehlschlug, offene Zustimmung. Im roten Nowawes bildeten sich Arbeiter-Aktionsausschüsse. Versammlungsverbote durch den Potsdamer Militärkommandanten wurden mit einem Protestzug erwidert, der zum Stadtschloß zog. Die Schloßwache schoß; vier Demonstranten wurden auf dem Alten Markt getötet.

Mit dem Namen Nowawes sollte 1939 auch die Erinnerung an Rote-Hochburg-

Hohenzollern-Familie, 1885. Die zeitgenössische Fotomontage präsentiert sie im Park von Babelsberg. Vorn im Stuhl der alte Kaiser, der mit'm (Backen-)Bart, neben ihm Kaiserin Augusta. Hinter ihnen der Kronprinz Friedrich mit Prinzessin Viktoria. Und neben ihr, im Bild rechts, Prinz Wilhelm. 1888 gab es den Generationssprung: Wilhelm I. starb mit fast 91 Jahren, Friedrich III., nur 99 Tage Kaiser, mit 56; und Wilhelm II. kam im „Drei-Kaiser-Jahr" mit 28 Jahren auf den Thron.

Zeiten getilgt werden. Babelsberg alias Nowawes war mittlerweile zu einem anderen Begriff geworden: Wer Babelsberg sagte, in genauerer Topographie „Neubabelsberg", der meinte „Film" und „Stars". 1911 hatte die Berliner Filmfirma Bioscop auf einem verlassenen Fabrikgelände nahe dem Bahnhof Nowawes eine Atelierhalle gebaut; erster Film, der dort gedreht wurde: „Der Totentanz" mit Asta Nielsen. Die 1917 gegründete Ufa (Universum-Film AG) machte dann Neubabelsberg zum deutschen Hollywood. Die seinerzeit größte Filmproduktionsstätte in Europa entstand. Der Ufa folgte die Defa, die Filmmonopolgesellschaft der DDR. Jetzt ist das Fernsehen des brandenburgischen ORF auf dem weitläufigen Areal angesiedelt. Ansonsten liegt die Traumfabrik größtenteils in Dornröschen-Agonie. Die Erfolgsfilme der Ufa sind längst verflimmert – auch jene, die Preußens und Potsdams Geschichte in höchsten nationalen Tönen rühmten:

„Und wenn am Schluß der große König vor dem Ausmarsch ins Feld Revue über seine Truppen im Potsdamer Lustgarten

hält, wenn mit flatternden Fahnen unter schmetternder Marschmusik die Bataillone an ihm vorübermarschieren, [...] da gibt es des Jubels und Beifalls im ausverkauften Haus kein Ende mehr", so enthusiastisch berichtete die „Neue Preußische Kreuzzeitung" 1930 über die Uraufführung des Ufa-Films „Das Flötenkonzert von Sanssouci". Der Kritiker vom „Berliner Tageblatt" hielt dagegen: „Wir lehnen diese Art von Geschichtsdarstellung ab, weil sie verlogen ist, gefährlich verlogen und verbogen." Es half wenig; diese Art von Film traf tief ins Gemüt der Deutschen, die Trost für die Niederlage im Ersten Weltkrieg suchten. Im Wogen des Nationalgefühls, das im „Flötenkonzert von Sanssouci" und im „Choral von Leuthen" hochjubelte, wurden Preußen und mithin Potsdam wirkungsvoll wie niemals vorher und nachher verklärt. Heute ist die Ernüchterung Potsdams nirgends sonst in der Stadt so herb zu spüren wie in ihrem Stadtteil Babelsberg.

R

itterromantik bewegte die Gemüter, als Schloß Babelsberg entstand: Sommersitz für Prinz Wilhelm, der 1871 Deutscher Kaiser im Bismarck-Reich wurde. In der ersten Ausführung, 1835 fertiggestellt, war das Schloß dem Prinzen und dessen Frau, der kunstsinnigen Prinzessin Augusta von Sachsen-Weimar, bald als zu klein und nicht repräsentativ genug erschienen. Nach vielen Um- und Anbauten wurde es 1849 zum zweiten Male eingeweiht. Die Prinzessin brachte ihren Trinkspruch „ganz insbesondere auf das Wohl unseres vaterländischen Gewerbefleißes" aus; sie war stolz darauf, daß nur deutsche Handwerker „mit Eifer und Treue diese Räume schmückten". Lenné nutzte den Bau, Potsdams Kulturlandschaft zu erweitern; bei der Anlage des Babelsberger Parks aber hatte ein anderer Gartenkünstler das letzte Wort: Fürst Pückler-Muskau.

E in Stück Amerika in Potsdam: Die Kulissen stehen auf dem Studio-Gelände von Babelsberg, Relikte des „Defa"-Fernsehfilms „Einstein". Der große Physiker hatte übrigens in Caputh bei Potsdam sein Sommerhaus; und das 1920 von Erich Mendelssohn entworfene, futuristisch anmutende Observatorium auf dem Telegraphenberg heißt „Einsteinturm". In den Filmstudios von Babelsberg, die sich zu einer „Film-Stadt" auswuchsen, wird seit 1912 gedreht. 1921 zog die „Universum-Film A. G." ein, die „Ufa"; ihr folgte nach 1945 die „Defa" der DDR. In Babelsberg waren 1929 die ersten deutschen Tonfilm-Ateliers eingerichtet worden.

Die Stadt: Den Ton gaben die Garde-Offiziere an

Potsdam hat Glück gehabt: Seine Schlösser sind ihm erhalten geblieben, bis auf eines; und das stand dort, wo Potsdam gezeichnet ist vom rabiaten Unglück: In seinem historischen Kern hat es sein Gesicht verloren. Mit dem Stadtschloß und der Garnisonkirche sind ganze Zeilen jener Wohnhäuser verschwunden, die Anlaß gegeben hatten, Potsdam als ein „Juwel des Rokoko und des Klassizismus" zu preisen, was vielleicht ein bißchen übertrieben, sicherlich aber nicht falsch war. Noch die Relikte bestätigen solches Lob. Die Nikolaikirche mit der hohen Kuppel, die ihre erhebende Wirkung vollends im Innenraum spüren läßt, ist instandgesetzt; 1981 feierte man nach 36 Jahren erstmals wieder einen Gottesdienst in dieser Potsdamer Hauptpfarrkirche. Das Alte Rathaus, Mitte des 18. Jahrhunderts erbaut, bis 1885 Sitz von Bürgermeistern, die den königlichen Beamten nicht viel zu sagen hatten, sieht fast wie neu aus. Das Knobelsdorffhaus ein paar Schritte nebenan ist restauriert, einiges, weniges andere auch, so der Marstall, der Rest der Schloßanlage, in dem ein Filmmuseum untergebracht ist.

Am Obelisken vor der Nikolaikirche sind die Medaillons ausgewechselt worden; statt den Großen Kurfürsten und die ersten drei Preußenkönige zeigen sie die für Potsdam bedeutendsten Baumeister: Knobelsdorff (1699–1753), Gontard (1731–1791), Schinkel (1781–1841) und Persius (1803–1845), eine kleine Korrektur am Stadt-Image, die gern bejaht, wer Potsdam nicht durch die Brille irgendeiner Ideologie betrachtet. Die größeren Veränderungen allerdings summierten sich im Planungs- und Bau-Debakel während der jüngst vergangenen Jahrzehnte zu einer einzigen Untat wider die Stadt. Der schwere Schaden, den sie in der Bombennacht 1945 erlitt, ist dauerhaft verschlimmert worden. Wenn's nur die Hochhäuser aus der Fertigteilproduktion der Plattenkombinate wären, oder die öde

Blick in die Lindenstraße, um 1910. Rechts mit der Kuppel das Große Militärwaisenhaus, das zum Teil erhalten geblieben ist. Gebaut wurde es von Gontard, einem der vier Architekten, die das Stadtbild am stärksten beeinflußten; er war Nachfolger von Knobelsdorff.

Leere eines „Aufmarschplatzes" . . . wie zum Hohn auf jedes Vorhaben, das unrestaurierbare Stadtbild durch ein angemessenes neues zu ersetzen, steht etwa dort, wo sich das Stadtschloß befand, der giganteske Betonklotz einer Bauruine, von dem nur eines gewiß ist: daß er so nicht stehenbleiben darf. Soll man weiterbauen, für garantiert mehr als hundert Millionen Mark, ein Theater, das viel zu groß, dessen Unterhalt viel zu teuer wäre? Soll man zum Dynamit greifen?

Da hilft kein Lamento; die alte Stadt Potsdam, jene mit dem anderthalb Kilometer langen Stadtkanal, von dem geschwärmt wurde, er sei „das Schönste, was Potsdam an Stimmung bietet", und der zugeschüttet wurde, diese unverwechselbare Stadt ist vergangen. Und doch ist sie im Hier und Heute allenthalben noch gegenwärtig, im Blick auf ihre Relikte, der zum Gedankenspaziergang ermuntert.

Heute hat Potsdam sein Zentrum in der Neustadt, die so neu nicht ist; angelegt wurde sie in einem Bauboom, der Folge der strikten Weigerung des Berliner Magistrats war, seinen Bürgern die Einquartierung der Soldaten Friedrich Wilhelms I. zuzumuten. Also zog der Soldatenkönig mit seiner Truppe in Potsdam ein. Sie brauchte Brot; im Raum von Potsdam drehten sich alsbald 20 Windmühlen. Sie

brauchte Waffen; eine Gewehrfabrik, damals der größte Rüstungsbetrieb in Preußen, nahm den Betrieb auf; sie brauchte Bier; der König, der selbst einen großen Durst hatte, ließ eine Königliche Brauerei einrichten; 1829 wurde sie von einem Privatunternehmer übernommen, der das gerühmte „Potsdamer Stangenbier" braute. Und die Truppe brauchte immer mehr Unterkünfte, zumal es noch keine Kasernen gab; so waren die Dachkammern im „Holländischen Viertel", auf dem mit holländischer Entwässerungstechnik trockengelegten Faulen See, Soldatenstuben. Knapp 200 Häuser, rund 1500 Einwohner, hatte Potsdam, bevor es Garnison wurde. Als Friedrich Wilhelm I. 1740 starb, war die Einwohnerzahl auf das Achtfache gewachsen, zählte man 1154 Häuser.

Vor lauter Geist-, Historien- und Kunstbetrachtung wird leicht übersehen, daß die meisten Leute in dieser Stadt ihrem Gewerbe nachgingen wie andernorts auch. Nach Berlin hatte Potsdam zum Beispiel die größten Seidenmanufakturen in Preußen. Was man heute unter Industrie versteht, entwickelte sich freilich nicht. Lange Zeit waren die Gewehrfabrik und eine Zuckersiederei die einzigen Betriebe mit

mehr als 200 Beschäftigten. Nach heutigen Begriffen war Potsdam eine Dienstleistungsstadt; und das Besondere an ihr, und was sie geschichtsnotorisch machte,

war ihr Charakter als Beamten- und Soldatenstadt. Dazu gehörte auch, daß sie als „Pensionopolis" beliebt wurde, angenehm für den Ruhestand, und daß viel „Etagen-Adel" in den gutbürgerlichen Mietshäusern wohnte, Verdienstadel ohne Grundbesitz. Die Beamtenzahl stieg stetig an, seit Friedrich Wilhelm III. immer mehr Behörden von Berlin nach Potsdam verlegen ließ.

Auffälliger als die Beamtenschaft war natürlich das Militär, erst recht als sich immer mehr Kasernen ins Stadtbild drängten. Unter Kaiser Wilhelm II. war Potsdam Garnison für ein halbes Dutzend Garderegimenter; und in der Garde sah man alles Preußische, gleichgültig, ob man's verehrte oder haßte, wie in Reinkultur verkörpert. Das Gardeoffizierskorps galt als die vornehmste Spitze der preußischen Gesellschaft. Seine Vorstellung von Gott, König, Vaterland war nicht nur für die Armee verbindlich; seine Sitten und Marotten mitsamt der abgehackten Sprechweise, anfangs übernommen von Friedrich Wilhelm III., der kaum einen Satz vollständig von der Zunge brachte,

setzten Maßstäbe für nahezu jedermann, der nach gesellschaftlicher Geltung strebte. Als in der wilhelminischen Ära die sozialen Gegensätze in Deutschland sich kraß verschärften, wurde der Potsdamer Gardeoffizier prompt zur bevorzugten Zielscheibe ätzender Satire:

Am Rande einer Parade mit Musik belehrt ein dicklicher Major vom Pferd herab eine Dame, die unterm Sonnenschirm zu ihm aufschaut: „Die Melodie, gnädige Frau, ist für die Herren Offiziere. Das gemeine Truppenvieh horcht nur auf die Pauke. Bumm ist immer links."

Karl Friedrich Schinkel, 1836 gezeichnet von Franz Krüger. Der in Neuruppin geborene Architekt, Maler und Gestalter war Preußens klassischer Baumeister. Zu seinen Hauptwerken zählt die Nikolaikirche (oben), die nach seinem Tod von seinem Schüler Persius, dem vierten großen Baumeister in Potsdam, weitergebaut wurde. Rechts das Alte Rathaus.

Oder die verkappte Logik eines ältlichen Kavallerieoffiziers, dem eine junge Frau einen Korb gibt: „Jnädigste sagen, die wichtigsten Bedingungen fehlten, daß ich Sie jlücklich machen könnte? Na, erlauben Sie mal, stehe in der Blüte der Jahre, bin aus ältestem Adel, jehöre einem anjesehenen Regiment an, Sie haben unjeheures Jeld, na, um Jotteswillen, was soll mir dann noch fehlen?"

Oder auch: „Warum ist der Plemberg in die Provinz versetzt?" — „Will armes Mädchen heiraten." — „Pfui Deiwel!"

In solchen Witzen zu den sarkastischen Zeichnungen eines Eduard Thöny oder Fritz Koch-Gotha in Blättern wie dem „Simplicissimus", dem unverfrorensten im wilhelminischen Deutschland, repräsentierte der Gardeoffizier eine feudale Klasse, die man in Potsdam wie nirgendwo sonst versammelt sah. Völlig aus der Luft gegriffen war solcher Eindruck nicht; symptomatisch für das zugespitzte Standesbewußtsein war unter anderem, daß erst um 1900, als mehr Rücksicht auf ein ebenso reiches wie patriotisches Großbürgertum geboten war, vereinzelt auch Leutnants ohne Adelsprädikat in hochherrschaftliche Regimenter aufgenommen

wurden, in den bislang ausschließlich adeligen Pokulierrunden im Kasino bespöttelt als „Konzessions-Schulzen". Am vornehmsten dünkte sich das Erste Garderegiment zu Fuß, in dem auch Hohenzollernprinzen, oft schon im Knabenalter, exerzieren lernten, und die berittene Garde du Corps; deren Name stammte aus dem französischen Spätmittelalter und bezeichnete eigentlich die Bewacher königlicher Gemächer.

Von den rund 60 000 Einwohnern, die Potsdam 1905 zählte, waren elf Prozent Militärpersonen. Zu den Kasernen hatten

sich Offiziers-, Unteroffiziersschule, Kadettenanstalt, Militärbürokratie gesellt. Bemerkenswert, auch weil zwei Flügel seines von Gontard errichteten, 1778 eröffneten Neubaus erhalten sind, ist das Militärwaisenhaus. Friedrich Wilhelm I. hatte es 1722 gestiftet. Nach dem Siebenjährigen Krieg beherbergte es zeitweilig an die 2000 Jungen und 500 Mädchen, meist uneheliche Kinder von Grenadieren und den Frauen, die in Bürgerquartieren bedienstet waren; im sonst recht puritanischen Potsdam wurde über solche Verhältnisse nicht die Nase gerümpft. Die Kinder mußten 35 Stunden in der Woche in Textilmanufakturen oder in den Maulbeerplantagen der Seidenfabrikanten arbeiten. Der Neubau war bitter notwendig geworden: Von drei Prozent im Jahre 1724 war die Sterblichkeitsrate der Waisen 1777 auf 15 Prozent gestiegen.

Als der Kaiser und König 1918 abgedankt hatte und die Garde weggetreten war, blieben Potsdams Bürger monarchistisch gesinnt und militärfromm. Die Tradition der

Preußens Gloria.
Parade des Ersten Garderegiments zu Fuß, 1901 am Stadtschloß vor Kaiser Wilhelm II., der sich in Herrscherpose mit Vorliebe auch in der Uniform des anderen der beiden „vornehmsten Regimenter" zeigte: in Gala der Garde du Corps mit dem Adler als Helmzier.

Garde pflegte das größtenteils in Potsdam stationierte Infanterieregiment Nr. 9 weiter, das seiner adligen Offiziere wegen als „I. R. Graf Neun" betitelt wurde. Mit dem „Geist von Weimar" in der 1919 konstituierten Republik wollte der „Geist von Potsdam" sich nicht arrangieren. Im Deutschland der Wirtschaftskrise mit dem Millionenheer von Arbeitslosen schien die Beamten- und Soldatenstadt einer Oase zu gleichen. Deutlich macht's das Stimmungsbild, das Erika von Tresckow, eine junge Offiziersfrau überlieferte: „Großer Zapfenstreich am Regimentshaus: Linder Abend, Fackelschein, feierlich getragene Musik, schwingende Brücke und alles sich widerspiegelnd im dunklen Wasser des Kanals: Spaziergänge durch schönste Gärten ... Sommerabende am Wasser, Sommertage im Boot: im lieblichen Wechsel der Landschaft verteilt Schlösser und Schlößchen, die Tore und Terrassen ... Sonnenuntergänge."

In den Wahlen erzielte in Potsdam regelmäßig die stramm rechtsaußen stehende Deutschnationale Volkspartei die absolute Mehrheit; sie hätte am liebsten die Hohenzollern zurück auf den Thron geholt. Gegen sie hatten auch die Nazis keine Chancen, bis sie nach ihrer Machtübernahme dafür sorgten, daß es alsbald in Potsdam und um Potsdam herum mehr Militär denn je gab. In Potsdam aber formierte sich auch Widerstand gegen Hitler und dessen Partei, wurden Umsturzpläne und Attentatsversuche vorbereitet. Viele Köpfe der Widerstandsbewegung, die am 20. Juli 1944 scheiterte, waren aus dem „I. R. Graf Neun" hervorgegangen, unter ihnen Fritz-Dietloff Graf von der Schulenburg, der hingerichtet wurde; sein Schweigen in den Verhören rettete vielen Mitver-

Deutschlands Gespött. Das Gardeoffizierkorps galt als Spitze der Gesellschaft; und als in der wilhelminischen Epoche sich die sozialen Gegensätze immer mehr verschärften, wurde es die bevorzugte Zielscheibe einer sarkastischen Kritik, die sich in Blättern wie dem „Simplicissimus" gegen Standesdünkel und -dummheit richtete. Der Offizier zu seinem neuen Burschen: „Also lesen kannste nicht?" – „Nee, Panje Rittmeister!" – „Na, kannste denn wenigstens schreiben?"

schworenen das Leben. Henning von Tresckow, dessen Frau von den glücklichen Tagen in Potsdam geschwärmt hatte, erschoß sich. Letzter Adjutant des in Grenadierregiment 9 umbenannten „I. R. Graf Neun" war an der Front der Jurastudent und Reserveoffizier Richard von Weizsäcker, der spätere Bundespräsident. Die wenigen Soldaten, die heute durch Potsdam gehen oder fahren und eben nicht mehr „mit klingendem Spiel marschieren", gehören zur Bundeswehr. Einige Stäbe, Feldjäger, ein Heeresmusikkorps, eine Sportschule und Sportförderungsgruppe und u. a. ein Instandsetzungsbataillon sind in Potsdam stationiert; und verlegt von Freiburg nach Potsdam ist das Militärgeschichtliche Forschungsamt, das als historisch-wissenschaftliche Institution auch eine Zentralstelle kritischer Traditionsbewertung sein muß.

Am größten war die Garnison, als Verbände der DDR-Volksarmee und der Sowjets in und um Potsdam herum die Kasernen belegten. Bevor sie abzogen, waren Soldaten in den erdbraunen russischen Uniformen auch in der Potsdamer Kapelle des Heiligen Alexander Newski aufgetaucht, in der dank Perestroika ein vom Moskauer Patriarchat entsandter Pope wieder Gottesdienst hielt.

1829 war dort in Beisein des Zaren Nikolaus I., Schwiegersohn von Friedrich Wil-

helm III., die erste Messe gehalten worden. Die weiterhin guten Beziehungen, die damals zwischen Preußen und Rußland bestanden, waren Hintergrund einer eigenartigen Potsdamer Geschichte: Die Kapelle wurde für Mitglieder eines russischen Soldatenchors errichtet, den man 1812 aus Kriegsgefangenen gebildet hatte; er wurde dem Ersten Garderegiment zu Fuß unterstellt und diente der Unterhaltung der Truppe, auch der fürstlichen Familien. Auf königliche Order wurde 1826 für die russischen Sänger die „Kolonie Alexandrowka" nördlich der Stadt angelegt, zwölf holzverzierte Fachwerkhäuser mit angebautem Schuppen. Einziehen in die komplett bis zur Wiege eingerichteten Heime durfte nur, wer verheiratet war; und wenn das erste Kind kein Knabe war und nicht russisch-orthodox oder protestantisch getauft wurde, mußte ausgezogen werden.

Die Kolonie ist erhalten geblieben, eine der merkwürdigsten unter den merkwürdigen Hinterlassenschaften jenes alten Potsdams, von dem, wer in Gedanken in ihm umherspaziert und versucht, die Gedanken zu ordnen, so leichthin nicht sagen kann: wie weit es ein gutes altes Potsdam war und wie sehr ein schlimmes, borniertes, weltfremdes.

V om Pfingst-
berg her grüßen die beiden
kastellartigen Türme einer
unvollendet gebliebenen,
ruinierten Schloßanlage
mit der Friedrich Wil-
helm IV. einen seiner vielen Architekturträume verwirklichen wollte. Die
Kuppel in der Mitte links
sitzt auf dem 1902 bis
1908 errichteten neo-
barocken Gebäude für die
Stadtverwaltung. Davor die
beiden Türme des Nauener
Tors. Links die Giebel aus
der alten Barockzeit Potsdams – das in solcher
Sicht kaum ahnen läßt, wie
sehr es zerstört worden ist.
Im Vordergrund präsen-
tiert die St. Peter und
Pauls-Kirche ein typisches
Beispiel des Historismus
des 19. Jahrhunderts. Der
Backsteinbau wurde auf
kreuzförmigem Grundriß
in byzantinisch-romani-
schen Formen erbaut.

Markt vor barocker Häuserfront. Heute hat Potsdam seinen Kern in der einstigen Zweiten Neustadt, der barocken Stadterweiterung, mit der Friedrich Wilhelm I., der Soldatenkönig, begonnen hatte; Friedrich der Große setzte sie fort. Anders als die Altstadt, wo heute ein Hotelhochhaus die Leere dominiert, die an Kriegsschäden, Sprengungen und Abräumarbeiten erinnert, blieb dieser Bereich der Stadt 1945 von den Bomben weithin verschont; und ein bißchen ist Potsdam hier noch die alte, an Sommertagen fast idyllisch anmutende Landstadt.

B arock,
friderizianisches Rokoko,
Klassizismus, das sind
Baustile, die den Potsda-
mer Straßen das histo-
rische Gesicht gaben.
Manches davon, wie diese
barocken holländischen
Häuser am Neuen Garten,
ist in die Gegenwart hin-
eingerettet worden. 1945
hatte man noch 584 Ba-
rockhäuser gezählt; heute
sind etwa 300 von ihnen
erhalten oder zufrieden-
stellend instand gesetzt. Im
18. Jahrhundert waren, so-
lange es noch keine Kasernen gab, in Hunderten von
Bürgerhäusern Soldaten
einquartiert. Zur Zeit des
„Soldatenkönigs" Fried-
rich Wilhelm I. war knapp
ein Drittel der Grenadiere
verheiratet; und nicht sel-
ten nahm der fromme und
zwar knauserige, aber für-
sorgliche König an den
Kindstaufen teil.

A m

Neuen Palais 10, 14469 Potsdam – das ist die Adresse der Universität. In den 1766 bis 1768 gebauten Communs, den palastartigen einstigen Gästehäusern gegenüber dem Neuen Palais, sind Rektorat und Bibliothek untergebracht. Die Communs liegen in Front des fast zwei Dutzend Gebäude umfassenden „Universitätskomplexes I". Am S-Bahnhof Gom ist Komplex II entstanden. Komplex III und IV befinden sich auf der anderen Seite der Havel im Stadtteil Babelsberg, wo auch die Hochschule für Film und Fernsehen ihr Domizil hat. Die Communs, ausgestattet mit Säulenvorhallen, Freitreppen und aufgesetzten Kuppeln, waren ein Werk des Baumeisters Karl von Gontard (1731–1791), der in Potsdam und Berlin den frühen, noch mit barocken Elementen behafteten Klassizismus in die Architektur einführte.

F

ür die letzten ehemaligen Mitglieder eines russischen Soldatenchors ließ 1826 Friedrich Wilhelm III. zwölf solcher Häuser im „russischen Stil" errichten: die „Kolonie Alexandrowka". Der Chor, aus Kriegsgefangenen nach dem Rußlandfeldzug 1812 gebildet, diente in den Freiheitskriegen 1814/15 und danach, dem Ersten Garderegiment zu Fuß zugeordnet, der Unterhaltung der Truppe. In die vollständig von den Kochtöpfen bis zur Wiege eingerichteten Häuser durfte nur einziehen, wer verheiratet war und sich zu einem frommen Leben verpflichtete. Der letzte der russischen Sänger starb 1861; einige Nachkommen der russisch-deutschen Familien leben hier noch heute.

D ie „Kapelle des Heiligen Alexander Newski" wurde für die Potsdamer „Kolonie Alexandrowka" gebaut. Friedrich Wilhelm III. sah in ihr aber auch „ein bleibendes Denkmal" für den 1825 „höchstselig verstorbenen Kaiser aller Reußen Alexander Pawlowitsch". Dessen Sohn, Zar Nikolaus I., und die Zarin, eine Tochter des preußischen Königs, nahmen 1829 am Eröffnungsgottesdienst teil. Die Kapelle, nach original russischen Plänen, mißt im Grundriß exakt neun mal neun Meter und ist 18 Meter hoch. Nachdem sie 20 Jahre geschlossen war, zelebriert seit 1986 wieder ein russisch-orthodoxer Pope die Messe.

Blick auf das Nauener Tor. Mit den beiden Türmen an der Innenseite erinnert es an die Zeiten, in denen eine Stadtmauer weniger vor Angriffen von außen als vor Ausbrüchen desertierender Soldaten schützen sollte. Zunächst ein barocker Bau, wurde das Nauener Tor von Johann Gottfried Büring nach einer Skizze Friedrichs II. erweitert und in Anlehnung an Formen der englischen Gotik mit Rundtürmen versehen. Es war der erste neugotische Bau auf dem Kontinent. Die Straße Richtung Nauen führt zum Bornstedter Feld, dem historischen Manöverfeld Potsdamer Garden. 1909 demonstrierte dort der Amerikaner Orville Wright, der erste Motorflieger, dem preußischen Militär sein „aviatisches Können".

D as Marmorpalais im Neuen Garten am Heiligen See. König Friedrich Wilhelm II. ließ es von 1787 bis 1791 in Abkehr von bisherigen Potsdamer Baustilen errichten: ein kubisches zweigeschossiges Haus, bedacht mit einem Belvedere, einem Aussichtsaufbau. Friedrich der Große war 1786 kinderlos gestorben. Er hatte seinen Neffen und Nachfolger nicht leiden können. Und vice versa der Neffe nicht den Onkel. Friedrich Wilhelm II. hielt auch mit dem Bau seiner Sommerresidenz nicht zufällig auf Distanz zu Sanssouci. Die Wohnqualität des mit schlesischem Marmor verschönten Palais war allerdings miserabel und mußte durch Anbau von Seitenflügeln verbessert werden. Die Küche befand sich in einem als antike Tempelruine kaschierten Nebengebäude und war mit dem Schloß durch einen unterirdischen Gang verbunden. Heute ist im Marmorpalais ein Armeemuseum untergebracht.

Preußische Kargheit, preußisches Repräsentationsbedürfnis, auch wenn's nur ein kleines Torhaus ist: Fürstliches Barock kontrastiert mit schlichter Bürgerlichkeit. Und auch diese stille Straßenszenerie läßt keinen Zweifel: Potsdam muß viel Mühe und Geld aufwenden, um sein historisches Alltagsstadtbild aufzufrischen. Die enge Reihung der Laternen ist Indiz dafür, daß hier einst Leute von Rang wohnten. Nachdem Friedrich Wilhelm III. Potsdam und nicht Berlin 1809 zum Sitz der kurmärkischen Regierung und 1817 der preußischen Oberrechnungskammer bestimmt hatte, entwickelte sich die Soldaten- immer mehr auch zur Beamtenstadt.

MDCCI

Potsdams Brandenburger Tor. Das Prachtwerk wurde 1770 anstelle eines simplen Mauertores im Westen der Stadt errichtet und als Triumphbogen gestaltet: zur Würdigung der preußischen Erfolge im Siebenjährigen Krieg, in dem Preußen bis 1763 gegen eine wechselnde Allianz von Österreich, Frankreich, Rußland, Schweden und Sachsen zu kämpfen hatte. Die Stadtseite des mit Sinnbildern des Sieges geschmückten, von antiken Kriegern bewachten Tores gestaltete der damals vom König bevorzugte Baumeister Gontard, die Feldseite dessen Schüler Unger. „Feldseite" war in jenen Jahren noch die so wörtlich richtige Bezeichnung: Gleich hinter dem Tor begannen die Äcker. Die Brandenburger Straße, die vom Altstadtinneren her am Brandenburger Tor endet, ist heute eine Fußgängerzone, Potsdams Einkaufsstraße.

Die Landschaft: Am Kulturstrom namens Havel

Offenbar haben sie dem Dichter der brandenburgischen Heimathymne unüberwindliche Reimschwierigkeiten bereitet; anders jedenfalls ließe sich nicht erklären, warum zwar märkische Heide, märkischer Sand und dunkle Kiefernwälder besungen werden, nicht aber die Seen der Mark Brandenburg. Sie pointieren den Reiz einer Landschaft, deren Bewohner schon Anhöhen von ein paar Dutzend Metern als Berge betrachten. Rund um Berlin liegen sie wie Perlenketten am Hals der Millionenstadt; und besonders schön, wenn nicht zum Baden, so zu Ausflug und Sommerfrische lockend, sind die breiten Ausbuchtungen, krummen Verzweigungen und langen Arme eines Flusses, auf dessen Eigenheit schon sein Name hinweist: Havel, altnordisch „haf", bedeutet „See". Die Seen geben der Havel ihren Rang — für einen Kenner wie Theodor Fontane die Historie an ihren Ufern: Ein „aparter Fluß" sei die Havel, hatte er vor mehr als hundert Jahren auf seinen Wanderungen durch die Mark erkannt, ein Fluß, den man „den norddeutschen oder Flachlands-Neckar" nennen könnte; denn er dürfe „sich einreihen in die Zahl deutscher Kulturströme". In 68 Metern Höhe über dem Meeresniveau der Mecklenburger Seenplatte entlaufend, fließt die Havel über 337 Kilometer in einer „geschwungenen Linie" elbwärts, die Fontane an primitive Kinderschaukeln „aus einem Strick zwischen zwei Apfelbäumen" denken ließ. Gleichsam dort, wo solche Schaukel ihren Sitz hat, und der ist das beste an ihr, befindet sich Potsdam.

Flatowturm. Als Aussichts- und Wasserturm, Höhe 46 Meter, sollte er den Babelsberger Schloßbewohnern dienen, nach dreijähriger Bauzeit fertiggestellt 1856. Sein Vorbild ist der Eschenheimer Turm in Frankfurt am Main, der Anfang des 15. Jahrhunderts errichtet wurde. Das Foto wurde 1892 aufgenommen.

Nach den üblichen Regeln der Geographie, daß der größere Fluß seinen Namen behält, wenn ein kleinerer in ihn einmündet, müßte Potsdam an der Spree liegen; die Spree bringt bei Spandau, wo sie auf die Havel trifft, weitaus mehr Wasser heran. Übrigens: Prognosen, die in den Jahren zwischen den Weltkriegen für die Ausdehnung Berlins gestellt wurden, ließen kaum Zweifel, daß man künftig von „Berlin an der Havel" reden werde; die Megalopolis werde immer weiter weg von der Spree nach Westen ausschwappen und auch Potsdam schlucken. Erinnert darf daran sein, weil Berlin nun wieder drauf und dran ist, in seine Umgebung hinaus zu explodieren. Potsdam übrigens soll Landeshauptstadt bleiben, auch wenn sich Berlin und Brandenburg (wozu ein erster politischer Anlauf gescheitert ist) eines wahrscheinlich nicht allzu fernen Tages zu einem einzigen Bundesland vereinigen.

An der Havel stellt sich eine nicht nur für Potsdam wichtige Landschaftsschutzaufgabe. Obwohl auf Berliner Boden, ist der ehemals Potsdamer Forst mit Park und Schloß Glienicke ein Teil des Potsdamer Landschafts-Ensembles, Teil einer Landschaft, deren Natur durch Kultur veredelt ist, akzentuiert mit Architektur — entstanden aus dem Geist jener Zeit, in der zum Beispiel an der Universität Würzburg 1827 die ersten Vorlesungen über „Landesverschönerung" gehalten wurden und in Muskau an der Neiße Fürst Hermann von Pückler seinen berühmten Park über die riesige Fläche von 1250 Hektar ausdehnen ließ. Und ein Traumbild von Landschaft hatte schon als Kronprinz auch der „Romantiker auf dem Preußenthron" im Sinn, Friedrich Wilhelm IV., der lieber Architekt als König geworden wäre und nichts lieber tat, als gedankenverloren Visionen von Schlössern, Burgen oder Kirchen aufs Papier zu kritzeln. Er gedachte ganz Potsdam, wie es in einer Potsdam-Betrachtung von 1855 zu lesen ist, „und noch weiter hinaus, über die Uferberge der Havel hin, in das herrlichste und grandioseste, meilengroße, lebende Landschaftsgemälde zu verwandeln". Angefangen hatte damit schon Friedrich der Große, als er den Park von Sanssouci anlegen ließ, den spätere Hohenzollernherrscher erweitert und mit neuen Bauten ausgestaltet haben. Von 1851 bis 1860 wurde nach Plänen von Persius die Neue Orangerie errichtet. 1913, als Wilhelm II., Deutscher Kaiser und König von Preußen, 25 Jahre in „Imperator et Rex"-Würden war, baute man die pompösen „Jubiläumsterrassen". Die Dimensionen des Parks erschließen sich dem Besucher gleich beim Eintritt durch das Osttor: Die Hauptallee, die dort am Obelisken beginnt und zum Neuen Palais führt, ist 2,5 Kilometer lang.

In mentaler und topographischer Distanz zu seinem ungeliebten Onkel und dessen Sanssouci schuf der glanzlose Nachfolger des großen Königs, Friedrich Wilhelm II., die verbindende Anlage zwischen Residenz und Havelrevier, den Neuen Garten, 125 Hektar, mit dem Marmorpalais am Heiligen See. Von der Landerhebung, die den See vom Fluß trennt, schweift der Blick weit zur märchenhaften Pfaueninsel, die ein öder „Kaninchenwerder" war, als Friedrich Wilhelm II. darauf ein Lustschlößchen für seine Mätresse errichten ließ. Die zur Gräfin Lichtenau erhobene bürgerliche Frau blieb ihm in Freundschaft ergeben, als er sich unter dem Druck des Hofes von ihr trennen mußte, bald aber eine andere Geliebte nahm. Erinnernswert ist's als seltenes Exempel einer leichteren hohenzollernschen Lebensart im Potsdamer Ambiente. Von Berlin her gesehen, auf dessen Gebiet sie liegt, beginnt mit der Pfaueninsel der Potsdamer Landschaftsbereich, in dem der romantisierende Friedrich Wilhelm IV., von anderen Leidenschaften nicht abgelenkt, sich als Schöpfer neuer natürlicher, mit Architektur pointierter Landschaft erweisen wollte.

Soviel Geld, wie er gebraucht hätte, um alle seine Tagträume zu verwirklichen, war natürlich nicht aufzubringen. Es gab Wichtigeres, zum Beispiel die Eisenbahn von Berlin nach Potsdam, die erste in Preußen; 1838, nur drei Jahre, nachdem zwischen Nürnberg und Fürth der erste Zug in Deutschland gefahren war. Dennoch gelang es, die Havellandschaft, die allerdings ohnehin schon „Gemälde"-Charakter hatte, nicht nur zu dekorieren, sondern durch wohlgesetzte Bauten und ausgedehnte Parks zu akzentuieren.

Sacrow hätte die Kirche, die Friedrich Wilhelm IV. weit entfernt vom Dorf auf eine Uferecke an der Havel setzen ließ, gewiß nicht benötigt; wirkungsvoller als dort aber könnte sie nirgends sonst in das Landschaftsbild eingepaßt sein. Von Ludwig Persius erbaut, 1841–43, präsentiert

sich die Heilandskirche als kleine Basilika mit Campanile, dem freistehenden Turm. Auf ihn hatten übrigens der Berliner Ingenieur Adolf Slavy und Graf von Arco 1897 die erste Antenne für die ersten Funkversuche in Deutschland montiert.

Von der Sacrower Ecke, die Havel-Enge überspringend, nach Glienicke und über die schmale Glienicker Lanke nach Babelsberg erstreckt sich, in der Tat „meilengroß", ein einziger Landschaftspark; und steht man auf der Cecilienhöhe und dreht sich um zum Neuen Garten und dem Heiligen See, wird die ein bißchen gestelzt klingende Vokabel vom „Ensemble", das Potsdams Landschaft bilde, zum nüchtern treffenden Wort. Es ist das Lebenswerk eines Gärtners und Landschaftsgestalters, dem nachgerühmt wurde, daß er die Gabe hatte, „in jeder Anlage die Stimmung auszuprägen, welche die Natur der Landschaft an sich erfordert und hervorruft", und dabei habe er die Architektur in vordem unerreichter Weise in die Landschaft einbezogen: Peter Jo-

seph Lenné, 1789 in Bonn geboren, hatte die Gärtnerei im Botanischen Garten in Paris erlernt, zudem Baukunst studiert und kam 1816 nach Potsdam, wo er, mittlerweile Generaldirektor der königlich preußischen Gärten, 1866 starb. Er hatte den Park von Sanssouci erweitert und auch den anderen ihre bis heute erhaltene Struktur gegeben; und er hat an der Havel, die Theodor Fontane wahrhaft als einen „Kulturstrom" erkannte, Preußens wortwörtlich schönstes Stück hinterlassen – ein Stück Potsdam jenseits aller historischen Schuld- und Schicksalsfragen.

Gärtner- und Dampfmaschinenhaus in Klein-Glienicke. 1838 in Betrieb genommen, von Persius gebaut, ist es beispielhaft, wie auch Zweckbauten sich dem „Landschaftsgemälde" anpassen sollten, das Friedrich Wilhelm IV. in seinem Sinn hatte. Die Lithographie mit dem Fischerboot stammt etwa aus dem Jahr 1840.

E ine Landschaft „wie ein Gemälde" wollte der Romantiker auf dem Preußenthron, Friedrich Wilhelm IV., gestalten; Potsdam und die Havel und ihre Seen luden geradezu ein, Natur mit Kunst und Kultur anzureichern und mit sorgsam plazierten Bauwerken zu pointieren. Ein markantes Beispiel, daß solche Pläne nicht Utopie blieben, bietet die Heilandskirche im Park von Sacrow. Persius baute sie nach Skizzen des von Italiens Architektur begeisterten Königs: eine Basilika mit Campanile, dem freistehenden Glockenturm. Lenné fügte den Park in die Potsdamer Gartenlandschaft ein — die heute noch weithin buchstäblich eine Augenweide ist.

A_m Heiligen See. Der Blick geht hinüber zum Marmorpalais, wo sich am westlichen Ufer der Neue Garten bis zu der Landenge erstreckt, die das idyllische Binnengewässer von den Havelseen trennt. Am diesseitigen Ufer stehen Villen, die in Größe und Lage erkennen lassen, daß Potsdam hier eine sehr vornehme Wohnecke hat. Das Idyll hat seinen hohen Immobilienpreis. Früher zahlten ihn Exzellenzen im Ruhestand. Heute haben am Heiligen See u. a. der wirtschaftlich erfolgreichste Modeschöpfer in Deutschland, Joop, geboren in Potsdam, und ein noch bekannterer Fernsehmoderator, Jauch, zugezogen aus Berlin, ihr Refugium.

E

in Ort
der Fischer war Potsdam
vor tausend Jahren; und
Fischer fahren vor Potsdam
noch immer zum Fang aus,
auch wenn die Beute unter
den schwierigen Umweltbe-
dingungen von heute längst
nicht mehr so reichlich ist
wie einst. Sacrower See,
Lehnitzsee, Fahrlander See,
Jungfernsee, der seen-artig
breite Havelfluß, Tiefer See,
Templiner See, Schwielow-
see, Plessower See, Großer
Zernsee, Wublitz, Schlänitz-
see ... mit ihnen ist Potsdam gleichsam mit seiner
weiten Umgebung verfloch-
ten, mit Werder zum Bei-
spiel, dem märkischen
Obstanbauzentrum. Fast im
Kreis ist das erweiterte
Stadtgebiet von Seen umgeben; und der Paretzer
Kanal im Norden macht es
kartographisch vollends zu
einer Insel.

Über diese
Brücke führt der kürzeste
Weg, die Königstraße, von
Berlin nach Potsdam: die
Glienicker Brücke. Jahr-
zehntelang war sie ver-
sperrt. Ein paar Filmstars,
die in Babelsberg drehten,
durften sie passieren;
einige in Ost und West
gefangene Spione wurden
über sie hinweg ausge-
tauscht. Seit der Vereini-
gung Deutschlands ist sie
wieder offen; und wenn
man so will: Sie ist Symbol
für die Verlockung zur
Reise nach Potsdam, in
seine Gegenwart, in seine
Geschichte . . .